KUAILE XUEXI

快乐学习经济学知识

李蓉 编著

JINGJIXUE ZHISHI

U0811518

中国出版集团
现代出版社

图书在版编目（CIP）数据

快乐学习：经济学知识 / 李蓉编著. — 北京：现代出版社，2012.3（2025年1月重印）
ISBN 978－7－5143－0512－8

Ⅰ. ①快… Ⅱ. ①李… Ⅲ. ①经济学－青年读物②经济学－少年读物 Ⅳ. ①Z228.2

中国版本图书馆CIP数据核字（2012）第013885号

快乐学习：经济学知识

编　　著	李　蓉
责任编辑	陈世忠
出版发行	现代出版社
地　　址	北京市安定门外安华里504号
邮政编码	100011
电　　话	010－64267325　010－64245264（兼传真）
网　　址	www.1980xd.com
电子信箱	xiandai@vip.sina.com
印　　刷	三河市人民印务有限公司
开　　本	710mm×1000mm　1/16
印　　张	13
版　　次	2012年3月第1版　2025年1月第9次印刷
书　　号	ISBN 978－7－5143－0512－8
定　　价	49.80元

序

从某种程度上来说，科学知识决定着我们的事业成败和生活质量高低。认识这种时代特征，并按其要求去设计自己的人生道路，既是当代青少年的神圣使命，也是责无旁贷的光荣义务。

但是，对于不少青少年朋友来说，学习科学知识仿佛是一件沉闷、枯燥、乏味的事情。在他们眼中，数理化好像只是一堆令人生厌的公式和符号，语文、历史、地理等文科科目也只是大段枯燥、严肃的文字叙述，当然文理科也是有共性的，就是没完没了的习题和例题。快快乐乐地学习似乎是一个遥不可及的神话。

造成这种尴尬局面的因素很多，但是没有处理好科学的现象与本质、具体与抽象、知识与应用等关系是其中之一。正是因为我们的教材太过于强调科学的知识性、抽象性、深刻性，而忽略其实用性、多样性、趣味性，才使得正处在好动爱玩年龄的青少年将学习科学知识视为一种痛苦的体验，认为科学探究是枯燥的、冷冰冰的，毫无乐趣可言。

正是基于这样的认识，我们邀请长期活跃在教学一线的老师和学者为广大青少年朋友精心编写了这套丛书，希望能为青少年朋友带来学习的乐趣。

一位教育家说过："游戏是由愉快促动的，它是满足的源泉。"在这套丛书中，编者根据青少年的心理特点和中学教材内容，设计了各种实验和游戏，创设了生动的情境，或者通过生动形象的故事和俗语引入，以"玩"为明线，以"学"为暗线，寓"学"于"玩"，给青少年朋友的学习营造一种愉快的氛围；从而调动他们的学习热情，提高他们的观察、记忆、注意和独立思考能力，并不断挖掘他们的学习潜力。因为这种"玩"并非单纯的玩，而是利用青少年爱玩的天性来激活他们的思维，以"在玩中学，在学中玩"的方式培养他们仔细观察、认真思考的习惯，提高他们发现问题、提出问题和解决问题的能力，使他们玩得开心，学得酣畅！

我们衷心希望这套丛书能够帮助同学们走近科学，促使大家形成热爱科学知识、喜欢阅读、勇于探索的良好习惯，并为大家带来愉快和欢乐！

本丛书编委会

目录

引言　社会科学的明珠——经济学

经济学家和政治哲学家的思想，无论是对是错，都比一般人所设想的力量要强大。实际上，统治世界的就是这些思想而已。

——经济学家约翰·梅纳德·凯恩斯

什么叫经济？如果去问大学里的经济系学生，很多人在给出答案之前还是得经过一番思索。一旦要对经济这个抽象的词语进行定义，往往让人联想到这个词语背后所涉及的广泛内容，怎么才能把全部的内容有效地概括还真不是一件容易的事。

古今中外，曾有许许多多的人对“经济”一词作解释，古希腊的哲学家亚里士多德说：“经济就是一种谋生术，是取得生活所必要的并且对家庭和国家有用的具有实用价值的物品。”而在我国，自古就有“经世济民”、“经国济世”的说法，颇有治国平天下的意味，寓意高远可见一斑；翻开《现代汉语词典》，那里对“经济”的定义是：人类社会生产与再生产的活动。这些还仅仅是众多经济定义的冰山一角，其实，经济学课本就经济是什么的问题也并没有给出一个统一的答案，但是如果让我们从一个更为业余的角度来阐述，事情就容易多了，人们往往把“赚钱”、“致富”这样的字眼与经济联系在一起。可以说，打从人类社会出现开始，经济就已悄无声息地成为人类社会的一个组成部分。相伴随的，便是人类早期经济思想的萌芽，它来自于人们对日常经济活动的认识，文字出现以后，人们不断地从经济活动中抽象出人与人之间的经济关系，并记录在各种散见的文献中。

经过绵延数千年的发展，这些个别、零散式存在的天才智慧渐渐丰富壮大，脉络显现，直至发展成为一个个体系完整、论述严密、方法有别、观点不同甚至根本对立的学说和流派，他们统称为经济学，即研究经济的学问。以亚当·斯密、大卫·李嘉图、凯恩斯、弗里德曼等人为首的一些著名的经济思想家，以自己高超的智慧构筑起现代经济学这座恢宏的大厦，使之成为“社会科学王冠上最耀眼的明珠”。他们的思想就像一座座丰富的宝藏，改变了人们的思维方式，促进了社会经济发展，并成为人类共同的精神财富。

经济学究竟解决什么问题？

不管经济学家怎样表述，也无论这门科学如何变迁，经济学所必须面对的问题，归根结底只有一个：如何选用有限的资源来生产有价值的商品，并把它们进行合理分配。更通俗地说，就是当三个人的饭五个人吃时，如何使他们吃得有积极性；而当三个人的活五个人干时，如何使他们不偷奸耍滑——这便是经济学自始至终致力于解决的问题。因此，在“赚钱”、“致富”问题上，经济学家跟普通人还是有着些许不同的，普通人关心自己怎样变得富有，而经济学家更关心如何让大家一起变得富有，甚至于为了这个目标，他们宁可主张牺牲一小部分人的利益。

事实上，只要存在人类社会，便一定有人的生理上或心理上的欲望，也就必然会有满足这些欲望的物质资料生产。但是，相对于人的无穷无尽的欲望而言，生产物质资料的经济资源总是显得不够，即总是处于一种稀缺状态，或者说，总是存在三个人的“饭”五个人“吃”的问题。这样，如何选择、分配和有效利用现有资源，使生产出来的物品能够最大限度地满足人类的欲望，便是人类社会与生俱来的基本经济问题，对这一问题的解答，必须依赖经济学。与此同时，从局部来看，本来就稀缺的资源，在实际生产过程中，却是往往得不到物尽其用，有的地方存在着相对的过剩状态，或者说，总是存在三个人的“活”五个人“干”的问题，结果造成其他地方五个人干的“活”只能找到三个人“干”，生产力受到极大的制约。所以，如何确立有效的原则和机制，使资源配置得最优，以尽可能地避免闲置和浪费，这也是经济学不得不担当的责任。

因此，当世界只有一个人生存的时候，可以不需要经济学，但当从一个人发展成一个群体乃至更加庞大的人类社会的时候，经济学以及由此制定的经济政策便显得尤其不可或缺。经济学的任务，就是要解决为什么“一个和尚可以挑水吃，两个和尚抬水吃，而三个和尚却反而没水吃”这一难题。对这个难题的解答，归根结底还必须选择一个标准，因为经济学家必须回答为什么要这么分配资源而不是那样，而这个标准落脚到一点就是经济学的伦理问题，即效率与公平的权衡取舍。如果既能追求效率又能达到公平当然是经济学家喜闻乐见的事，然而在经济问题上，这两者往往处于矛盾的对立面，比如我国在改革开放初期着重关注生产力的提高，这是效率问题，但是经过若干年的发展，贫富差距越来越大，社会不满也日渐升温，这就是追求效率而带来的公平损失，于是，如何解决公平问题被提上了日程。经济学的发展历程，也就是在效率和公平之间寻找平衡点的过程。而这一过程永远不会完结，因为只要新的欲望一出现，那么，已经建立起来的平衡便被打破，寻找和确立新的平衡的工作便又开始。而这，便是经济学永恒的使命。

开启经济学大门的钥匙

经济学发展到今天，已是流派林立，学说纷呈。对同一个问题，三个经济学家能拿出四种不同的答案，到底听谁的？现代经济学的大厦，外面看高耸入云，走进去恍若迷宫。但是，任何一门学科，都有它最基本的理论。基本的理论，不仅是支撑学科大厦的基石，而且也是开启科学之门的钥匙。如果我们将经济学本原的东西加以梳理，你就会发现，基本的理论，归结起来，就是三个假定、三个原理和三个方法。这三个假定分别是经济人假定、资源稀缺假定和保护个人产权假定；与此大致对应，便是三个原理——福利最大化原理、供求原理和等价交换原理；运用上述假定和原理分析经济问题，还需要三个方法，即成本收益分析法、均衡分析法以及帕累托标准。这几条，简单得令人吃惊，但却是经济学智慧的结晶，也是历代经济学家借以看家的本领。人们懂得它，不一定就能成为经济学家；但如果不掌握它，就一定成不了经济学家。

三个假定

为什么说这三个假定、三个原理、三个方法是经济学的结晶呢？因为数百年来，它反复经过实践检验，颠扑不破。比如经济人假定，把人看做是理性的利己主义者，说人是自私的。为何要这样假定？因为事实即是如此。人们如果不自私，就不会有劳动的积极性，政府也无法通过政策调节经济。举个例子，自美国金融危机以来，我们的银行接连降低存贷款利息率，目的是为了减少居民存款，扩大国内需求，但如果中国的老百姓不算收益账，任你银行利率如何降，人们都无动于衷；国债利率如何高，大家也不稀罕，那么政府刺激消费与投资，不就落空了吗？还需要强调的是，经济学中所说的“自私”不是一个贬义词，这可能跟同学们以往的道德观相悖，而且，站在经济学的角度，自私似乎还是个不错的选择呢。

再来看资源稀缺假定，市场经济所以强调要合理配置资源，就是因为资源稀缺，资源如若不稀缺，能敞开供应，需要多少有多少，那么还要经济学家们研究资源配置做什么？现在有一种观点，说随着科技进步，资源将不再稀缺。比如煤烧完了可以烧油，油烧完了，还会有新的能源出现。而我们要问的是，既然有煤烧，当初何必去勘探石油，现在有了石油，人们何苦劳神费力地去开发新能源呢？答案不言自明，因为每一种资源都是有限的、稀缺的。让我们来想一想，有没有什么资源是无限多的呢？食物？显然不是，你肯定在新闻中曾经听说世界上其他国家因为饥荒饿死了多少人，你可能还听说过中国每年会向某个国家提供价值多少亿元的粮食援助，这些都说明食物是稀缺的。货币？有的同学会说货币是印钞机印出来的，想印多少就印多少，如果你这样认为，那就错了，一个国家印多少货币是由这个国家的经济总量决定的，因为货币的作用就是代替实物价值进行交换。货币可以无限印制，但是货币所代表的价值却是有限的，印的越多货币越不值钱，也正因为货币的稀缺性，如何在不同产业里分配有限的资金才成为了政府的一项重要工作。如果你对经济学产生了兴趣，并且翻看了大量的经济学著作，你会发现很多可能原本你意想不到的东西也成了经济学家研究的对象，比如空气，仔细想一想，其实空气不也是有限的吗？

保护个人产权的假定，主要是基于效率的原因。假如我所有的财产得不到法律保护，你可随便拿，那我也不是傻瓜，也不会努力工作，更不会积累财富，需要时到别人家里去拿好了。可是大家都这么想，谁会积攒财富呢？真若如此，社会怎么进步？经济怎么发展？所以保护个人产权，实在是社会经济发展所必需。

三个原理

有了上面的三个假定，再作进一步的推理，就有了三个原理。第一个原理，福利最大化原理。既然人是自私的，必然就会谋取自己利益的最大化。中国老百姓有一句俗话：人为财死，鸟为食亡。别看这只是一句俗语，却是千百年来人们对自身经济行为的总结，揭示的是一个浅显而又深刻的经济学原理。资本主义生产为什么会过剩？马克思的解释是，资本家有追求剩余价值最大化的倾向，故而生产有无限扩大的趋势；而劳动者有支付能力的需求日益缩小，所以产品就会卖不出去。

第二个原理即供求原理，这是由经济人假定和资源稀缺假定导出的，既然资源有限，人们又追求福利最大化，所以就出现了供求问题。当某种资源一定时，需求越大，价格就越高，反之，供给大于需求，价格就会下降。价格成了资源配置的一个杠杆。好比在一个拍卖市场里，商品只有一件，却有 10 个买家争抢，经济人假设告诉我们卖家会尽可能多赚钱，结果可想而知，肯定是出价最高者得。

第三个原理，等价交换原理。自从产生了社会分工，人们就难以自给自足了。我生产粮食，你生产布匹。可我需要穿衣服，你也需要吃粮食。粮食和布匹的产权又是受法律保护的，就是说，我不能去你们家随便拿布匹，你也不能上我们家随便取粮食，怎么办呢？唯一的办法就是交换。并且这种交换还必须等价，交换双方都要感到划算。否则，倘若有一方觉得吃亏，交易都无法达成。所以，是社会分工与个人产权的保护，导致了等价交换。而我们前面说的“货币”恰恰是等价交换的产物。

三个方法

运用上述假定和原理分析经济问题，还需要三个方法——成本收益分析法、均衡分析法和帕累托标准。

成本收益分析法体现了经济人的“理性”。经济人为了实现利益最大化，会算计个人行为所付出的成本和取得的收益，将二者进行对比后做出决策。也就是说，每个人做每件事，都必须付出成本，都力求获得收益，都有一个成本与收益比较的问题。每个人在追求自我利益的动机下，只要成本与收益不相等，就要做出相应的行为选择：成本高于收益，个人会选择不做或不做好某件事；成本低于收益，个人会选择去做或做好某件事。

在整个经济体系运行的过程中，存在着各种不同的变量，其中很多可能是同学们耳熟能详的，例如国内生产总值（GDP）、通货膨胀率、失业率、财政收支额、进出口总额等等，这些变量相互影响、互相制约，共同体现了经济运行的态势。经济均衡就是指经济体系中的各种变量处于平衡时的状态，在这种状态下，不仅各种商品或服务市场等产品市场的供求达到了统一，劳动力市场、资本市场等要素投入品市场也同时达到了供需平衡，一切资源得到了最充分的利用，杜绝了一切经济上的浪费，整个社会处于效率最高的状态。而均衡分析法则是研究各种经济变量达到均衡所需要的条件和维持均衡的条件。我们可以将均衡理解为经济运行的终点和起点，假设经济刚开始就处于均衡状态，这是一种比较稳定的状态，如果一些外在条件和内在机制都没有发生变化，那么这种状态会一直延续下去，经济也就会一直处于稳定发展的状态。如果突然外在条件有所改变（比如发生天灾），或者内在机制有所改变（比如股票市场从无到有），那么经济自身的稳定性遭到破坏，刚才所说的经济变量开始新的权衡较量，直至一个新的平衡状态的产生，这时，新的经济均衡产生。如果同学们今后有机会对经济学理论进行系统深入的学习，你可以时时处处体会到均衡分析的方法。

1897 年，意大利经济学家帕累托在研究资源配置时，提出了一个所谓的帕累托最优状态标准，人们简称为帕累托标准。意思是说，在某种既定的资源配置状态，任何改变都不可能使至少一个人的状况变好，同时又不使任何人的状况变坏。否则，就是帕累托改进，而不是帕累托标准。举个例子，现在有 20 个人要过河，但一只小船只能载 19 个人，假如我们已经让 19 个人上了船，船已满载，此时，就可以称之为达到了帕累托最优状态，因为如果再多让一个人上船，就会因超载而给另外 19 人带来危险，损害别人的福利。反之，如果本可以载 19 人的船，我们只让上 18 个人，也不符合帕累托标准，因为此时还可以增加一个人的福利，而不会损害到其他人。

上面这三个方法，是做经济分析最常用的方法。现代经济学的体系，其实就是根据三个假定、三个原理、三个方法构造起来的。现在的经济学界，尽管流派五花八门，其实只是经济学家在运用这些假定、原理和方法时，加进了一些新的约束条件，或者是作逻辑推理时，各人的推断功力不一样而已。

应当说明的是，经济学的基本理论，虽然只有三个假定、三个原理、三个方法，但它就像中国的八卦，一旦把它们组合起来，却博大精深、变化无穷。孙子兵法，说起来只有十三篇，但要运用得好，可不是件易事。它需要兵家审时度势、用计得当，方可得胜。做经济分析也是如此，我们必须先弄清经济问题产生的背景与条件，选择恰当的理论与方法，做出合乎逻辑的推理与判断，才能找到解决问题的正确途径。

当然，我们不可能期望通过一本经济学教材就能将复杂多变的经济社会分析透彻，任何一本经济学著作都有其侧重点，同学们去书店的经济学区，就会发现各式各样的经济学著作。本书的创作初衷仅是希望从我们生活中的一些小事或者听起来比较宏观却时常传入我们耳朵与头脑的问题着手，通过对这些问题的分析使得对经济学不那么熟悉的你们得以粗略地领略与感受一些经济学思想，让同学们在轻松愉快的氛围中，边“玩”边学经济学。

当然，如果可以因此对经济学产生兴趣，以至于踏入经济学的殿堂，与大人们一道成为探索经济学思想宝库的探索者，那就是我们编写这本书所最希望赚取的额外收获了。

1　“看不见的手”——市场机制

你听过铅笔的故事吗？在开始探索经济学知识宝藏的旅程之前，我们先来聊聊一支铅笔蕴含的奥秘吧。

小小的铅笔中也蕴含着经济学知识

或许你手上正拿着一支铅笔呢，我猜你在仔细端详了它一会儿后，一定会说：这不过是一支最普通的木杆铅笔呀，又不是哈利·波特的魔法棒！不错，它可以说既平凡，又神秘。说它平凡，它只是我们用来写写画画的工具，只要是能读会写的男女老少都再熟悉不过了；说它神秘，在这个地球上，没有一个人能完全了解它是如何被制造出来的。

这听起来好像有些不可思议，要知道，每年全世界要生产几十亿支铅笔呢！可就是这样一支由木头、石墨、漆、印制的标签、一丁点金属，还有一块橡皮组成的普普通通的铅笔，却有着非凡的来历呢。

这个故事要从东北大兴安岭林场里一棵挺拔的松树开始。

松树和小小的铅笔也有着千丝万缕的关系

可以想象一下，伐木场的工人是怎样用锯子、卡车、绳子以及许许多多用于砍伐和运输的专业设备才把这些粗大的圆木搬运到铁道旁的。不说别的，只是采伐松木用的锯子就需要无数人开采矿石，在炼钢厂冶炼钢铁，再在钢锯厂把它加工成锯子。哦，不要忘了，伐木场要有帐篷，有床铺，要做饭，要消耗各种食物，就连在伐木工叔叔喝的每一杯茶的背后，也有成千上万人的劳作！而运输过程中，从制造平板大卡车、铁轨、火车头的工厂，到运送圆木到港口的整个交通体系，无数的人也在为铅笔的诞生忙碌着。

当圆木跋山涉水，被送到位于上海铅笔厂的木材加工车间后，铅笔的制造过程才刚刚开始呢。在这里，圆木被切割成铅笔那么长的薄板条，在烘干炉内烘干，然后涂上颜色，上蜡，然后再烘干。完成这些工序当然离不开颜料、热量、照明、电力、传动带、电动机还有其他许许多多设备。所以我们可别忘了生产它们的人，比如给三峡大坝浇铸水泥的工人叔叔，正是这些发电站向工厂供应了电力，甚至在工厂里打扫卫生的阿姨们，他们可都是铅笔的制造者呢！

终于轮到铅笔制造车间大显身手啦。一台很复杂的机器在每根板条上开出细槽，之后再由一台机器在另外的板条上铺设笔芯，用胶水粘住，然后放到其他的板条上面，再由机器切割这些“木头三明治”，一支铅笔就这样诞生了。

不要小看铅笔芯（其实根本就不含铅，主要成分是石墨），它同样是来之不易呢。且不说开采、运输石墨到加工厂需要工人叔叔付出多少辛勤的汗水吧，想想为他们制造加工机器的人、制作石墨包装袋的人，还有那些造船的人、装船的人，甚至沿途灯塔的守护人、港口的领航员们也为铅笔的诞生在兢兢业业地工作着。

铅笔芯是由石墨做成的

铅笔有了漂亮的外衣我们才会对它爱不释手，而给它穿上外衣可不是一件简单的事。这不但需要设计师们发挥他们的想象力设计出美丽的图案，而且前前后后要给木杆涂六层漆！你知道油漆的全部成分吗？你能想到种植蓖麻子和加工蓖麻油的农民伯伯也为我们手中这只铅笔的诞生出了一份力吗？

在套上金属箍、装上橡皮头、打上标签之后（这些工序的完成当然也离不开铜矿、橡胶园、树脂工厂的协作），整箱的铅笔才源源不断地从工厂里被运送到全国各地，甚至漂洋过海到了非常遥远的地方。当我们在上学途中，走进路边的文具店，看到一支支漂亮的铅笔正静静地躺在货架上，你之前能想到它经历了怎样漫长而神奇的旅程吗？

通过我们的讲述，你一定惊奇地发现，从一棵松树开始，直到铅笔被我们握在手中，竟有无数人参与了它的诞生过程！而所有这些人在这个过程中都不是因为本人需要铅笔而辛勤工作，他们劳动的目的也不是为了满足大家写字、画画的需求，而是为了他自己的利益，比如说赚取工资、赢得利润等等。更令人称奇的是，并没有一个主宰者在发号施令或强制性地指挥这其中的无数生产活动，而是仿佛有一只“看不见的手”在发挥作用，使这成千上万的人自愿地、奇迹般地合作起来为我们造出铅笔。

其实，我们身边许许多多看似平凡、普通的东西都有不平凡的经历：干净整洁的街道、食堂里丰盛可口的早餐、商店里琳琅满目的商品……是什么在指挥各行各业的人们为我们提供生活的种种便利？也是这只“看不见的手”！它可以说无时不在，无处不在。讲到这里，我想同学们一定在想：究竟什么是“看不见的手”呀？简直太神奇啦！

要理解“看不见的手”，我们必须先讲一讲发现它的人——亚当·斯密。

经济学之父——亚当·斯密

亚当·斯密（1723～1790），是18世纪英国的一位大经济学家，由于他在经济学上的杰出贡献，后人把他称之为“经济学之父”。在亚当·斯密那个时代，资本主义处于自由竞争市场经济

亚当·斯密

阶段，市场看上去只是无数杂乱无章的买者和卖者，千千万万的企业和人在市场中并不听从谁的命令和指挥，而是各自做出有利于自己的决策，为了自身的利益从事各行各业，但结果却总是有适量的产品被生产出来，运送到合适的地点，并最终被需要它们的人所获得。人们自利的行为并没有引起社会的混乱，反而使社会利益得以提高！亚当·斯密敏锐地发现了这个规律，在他的代表作《国富论》中提出了“看不见的手”的命题。他在书中是这样说的：市场经济中有一只看不见的手，人们在做事的时候，没有一个人想到为了促进社会利益，他首先想到的是怎么实现自己的利益，都是从个人的利益出发去做事的。但是当他真正这样做的时候，就像有一只看不见的手在引着他，其结果要比他真正想促进社会利益的效果要好得多。亚当·斯密用“看不见的手”这样一种形象的比喻向我们揭示了市场机制的魔力，它可以称得上是经济学史上最著名的命题了，至今仍然被经济学家们津津乐道。

1723 年，亚当·斯密生于苏格兰柯卡尔迪一个海关文职官员家庭，作为学生和教授，他在格拉斯哥大学度过了一生中“收获最大、因而也是过得最愉快、最体面”的 10 余年；作为一位年轻公爵的家庭教师，他游历了欧洲大陆；退休以后，斯密隐居故乡专心写作，1776年完成了他的不朽杰作——《国民财富的性质和原因的研究》，简称《国富论》。清朝末期，我国著名翻译家严复在1901年首次将这本书翻译成了中文。在斯密生命中的最后12年，他定居爱丁堡，直到1790年7月17日去世。

亚当·斯密一生没有结婚，也没有什么浪漫传奇。他一直和母亲生活在一起，酷爱读书，也结交了不少志同道合的朋友。因此，母亲、书籍和朋友被斯密誉为他的“三大宝”。与同时期英国其他几位伟大人物诸如配第、洛克和休谟相比，斯密的生活平稳安定：既没有进过监狱，也没有受到迫害逃离祖国，更没有遭受大学的排挤。

亚当·斯密如此平凡的一生让无数传记作者失望。唯一能够引起人们兴趣并津津乐道的逸事，也许就是他那著名的“出神”：把黄油面包当作红茶放进茶壶冲泡，然后抱怨茶太难喝；穿着睡衣在花园中散步，沉思默想中竟走到了15英里（约24千米）之外；门卫向他行礼后，他毫无意识地仔细模仿了行礼动作的每一步骤。

就是这位生活经历平淡无奇的苏格兰人，用他的思想影响了整个世界。

什么是市场？

要理解“看不见的手”——市场机制，我们先要从什么是市场说起。讲到这里，有的同学一定会说：我知道！市场不就是买东西的地方嘛，比如说菜市场、商场、超市，我常常和爸爸妈妈一起去，那里有卖好多好吃、好玩的东西。这样回答只能说答对了一半。因为现在很多市场不像那些传统的市场一样有固定的场地，而且买东西的消费者和卖东西的生产者（或者销售者）并不需要见面就可以交易，比如说现在对我们的经济非常重要的股票市场、债券市场、期货市场等金融市场已经完全实现了电子化，只需要借助网络平台就可以进行交易。我们的个人生活消费也和以前不一样了，如今越来越多的人在家里登录淘宝、易趣、亚马逊等购物网站，只需要轻点鼠标，就可以完成从挑选到支付的全部交易过程，购买小到糖果、大到汽车等所有我们能想到的商品，然后由快递员为我们送货上门，简直太方便啦。同学们，你体验过网络购物吗？所以说，在经济学家们眼中，市场不仅仅是买卖物品的场所，更确切地说是买卖关系的总和，市场的作用就是联络买者和卖者，由他们一起确定每一样商品的价格和产量。

市场的作用

同学们，在我们进一步揭开“看不见的手”的秘密之前，让我们先思考一个问题：在购物时，什么决定了你最终购买与否？可能有的同学会说“价格”。对了，现在让我们一起来揭开“看不见的手”的秘密吧。“看不见的手”首先通过价格发挥作用。在市场上，每样商品都有价格，价格就是商品的货币价值，比如一支铅笔1元钱，一个书包20元钱，一台电脑5000元等等。对于生产者和消费者来说，价格就是一种信号。价格的变化把供求关系信息传递给生产者与消费者，把市场对商品的取舍标准传达给企业；而供求双方在利益驱动下自发地做出相应的调整，从而实现供求均衡。比如说在炎炎的夏日，吃一杯冰爽宜人的冰激凌无疑是件开心的事。假如一家冰激凌公司（把它命名为A公司）推出了一种咖啡味的新型冰激凌，品尝过的同学都说味道好极了，A公司信心十足地把它的价格定为5元钱，可是市场上的普通冰激凌才一两元，这个价格对大多数人来说，无疑太贵了。结果导致这种咖啡冰激凌滞销，销售额（单价×销售量）还不足以弥补生产它的成本，如果A公司不愿赔钱，又不想让咖啡冰激凌就这样退出市场，就只有选择降价，如果将价格降到2.5元，我们认为这个价格相对于它的美味不那么昂贵了，就会选择去购买它，销量的上升使A公司因此扭亏为盈，这时供求也就达到了平衡。

另外，“看不见的手”还借助供求关系的变化影响价格。假如由于A公司请了当红歌星为它的新口味冰激凌作形象代言，因此大家都把品尝这种冰激凌看做一种流行时尚，使得它销量大增，供不应求，有些地方甚至出现了脱销。面对旺盛的需求，A公司可以趁机提高冰激凌价格（高于原来的均衡价格2.5元），把价格涨到我们愿意购买的冰激凌数量恰好等于它的生产量。相反，假如其他冰激凌公司看到咖啡冰激凌有利可图，纷纷推出相同口味的产品，导致咖啡冰激凌在市场上供应量大大增加，而我们的需求并没有随之增加多少，结果供过于求，使得包括A公司在内的所有公司都不得不降价促销（低于原来的均衡价格2.5元，但是要高于冰激凌的生产成本），以刺激我们的消费。同学们，你能再找到这样一只精巧的手吗：需求量大于供给量了，它把需求量压下去把供给量抬起来；供给量大于需求量了，它又会把供给量按下去把需求量抬起来。“看不见的手”像一位娴熟的乐队指挥一样，自如地调节着供给与需求的两端以达到平衡。

最后，“看不见的手”也利用竞争发挥它的威力。竞争有价格竞争和非价格竞争两种类型。所有的冰激凌公司为争夺咖啡味冰激凌市场而进行的降价促销，就是典型的价格竞争，这是一种最传统的竞争方式。而在现代市场经济中，范围更广、层次更高的非价格竞争日益成为市场竞争的主流，生产者为了提高竞争力，通过树立品牌、推出新品种、改进包装及服务等方式，力争在残酷的市场竞争中争得一席之地。比如冰激凌市场的竞争中，A公司加大广告投入，把主要力量放在品牌的提升上；B公司推出了酸奶、水果、巧克力等多种口味，力图以新口味取胜；C公司为了迎合主流消费者即青少年的消费心理，为它的冰激凌选用了更时尚的名称和更酷的造型；等等。无论采用什么样的竞争方式，最终在我们的选择中优者胜，劣者被淘汰，从而把有限的稀缺资源配置给更有效率的生产者和社会更为需要的生产领域。

由市场机制这只“看不见的手”指挥，通过价格机制、供求机制和竞争机制的共同作用，市场上的冰激凌供应丰富，销售点遍布大街小巷，不仅价格由一两元到几十元分为不同的档次，而且从传统样式中发展、衍生出更多美味诱人的新品种，比如冰激凌火锅、冰激凌月饼、果冻冰激凌、雪汤圆、雪春卷等等。同学们，相信你早就馋涎欲滴了吧？如今冰激凌的功能已经从防暑降温过渡到休闲享受，成为一年四季都可以品尝的休闲食品。就这样，“看不见的手”让我们享受着市场经济带来的极大便利，它时时刻刻、无处不在地影响着我们的生活。

正是由于“看不见的手”神奇的自发调节作用，亚当·斯密请求政府不要干预经济，而是去做一个守夜人，主要职责就是确保国家安全和维护社会公正，其余的事情都交给“看不见的手”——市场机制来负责，他认为只要政府不干预经济，经济自然就会发展起来。在亚当·斯密自由放任经济理论影响下，英国资本主义经济得到了长足的发展，随后是欧洲，再后是美国。“看不见的手”统治了资本主义世界150年之久。

尽管“看不见的手”无比神奇，但它却不是万能的。到了1929年，世界性的经济危机爆发了，首先从美国开始，股市崩盘、企业破产、银行倒闭、工人失业……人们一夜之间突然发现“看不见的手”失灵了。于是，这时又出现一只“看得见的手”，这就是英国经济学家凯恩斯提出的国家干预。

2　“看得见的手”——宏观调控

不知道大家有没有注意过身边发生的一些有趣的现象：

城市里车辆越来越多，堵车成了一个很令人头疼的事，开车的人都愿意选择一条宽敞的马路，结果正是这条马路更容易堵车；女孩子喜欢穿高跟鞋，为的是让自己的身材显得更加高挑，然而走到街上，发现大家都穿着高跟鞋，于是高跟鞋带来的优势便荡然无存，踩着高跟的双脚却疼痛不已；参加奥数班，有助于开发孩子的智力，学习过奥数的孩子，升学时往往得到校长的青睐，于是越来越多的孩子都学习奥数，结果在校长眼里是否学过奥数变得不再重要了，学过的孩子不再会得到额外的青睐，相反，没有学过的孩子却肯定得不到认同……

如果你仔细想想，一定能找出许许多多类似的例子。其实，经济学家早就关注这类现象，并且给予这类现象一个特有的名字：合成谬误。在说明这个词的意思之前我们还需要先了解经济学的基本分类：宏观和微观。整个经济系统是由千千万万个生产者、消费者组成的。我们对单个或部分生产者和消费者行为的研究就是微观经济学；而宏观经济学研究的则是对个体微观行为的加总，而且不是简单的加总，同样的一个行为在宏观和微观上可能造成截然相反的结果，这就是合成谬误，他反映了个人与集体，局部与整体的矛盾。

经济学家萨缪尔森

诺贝尔经济学奖获得者保罗·萨缪尔森举过一个例子来说明它：当一群人在观看马路游行时，对于每个人来说，如果他把脚踮起来，他可以看得更清楚。微观规律显示踮起脚带来好处。但如果大家都踮起脚来看，则谁都不会比原来看得更清楚，宏观规律告诉我们踮脚不但不能带来好处，还会有坏处，因为大家都会觉得累。如果这个时候，有个组织者站出来，指挥前排人蹲下，中间站好，后排踮脚，那么结果就是大家都能看得更清楚。

回到市场经济的讨论，在“看不见的手”统治时期，资本主义经济得到了长足发展，但随之而来的长达十年的大萧条也使得经济学家再一次对市场机制本身产生了质疑。为什么市场的力量突然间不起作用了？市场自身是不是也存在着无法克服的合成谬误？从前面的例子就可以发现，答案是肯定的，于是经济学家们又开始研究是什么导致了合成谬误，但不管怎么样，有一点达成了共识，那就是在明确“看不见的手”的巨大魔力之时，还不能忽视它本身固有的缺陷，需要有组织者来修正它。政府就扮演着组织者的角色，他用于组织的方法就是我们所说的“看得见的手”，用这双手来修正市场机制固有的缺陷，引导市场机制更好、更大地发挥作用。

在我国早期的计划经济体制下，有关国计民生、人民吃穿住行的一切大事小情，都由政府包揽解决。到了 20 世纪 80 年代，在我国市场经济刚刚兴起的时候，社会上又流行着一种说法：“不找‘市长’找‘市场’。”这说明当时人们对市场的作用十分推崇，认为发展市场经济，一切经济活动都应当由市场这只“看不见的手”来调节。事实上，虽然市场经济有很多优点，远胜过传统的计划经济，但是，市场经济并不是完美无缺的，它天生也会产生很多问题，并且随着我国市场经济的发展慢慢地显现出来。从大的方面来说，这些问题包括失业、通货膨胀、环境污染、资源枯竭、贫富差距悬殊、公共产品供给不足等，从小的方面来说，则包括房价飞涨、制毒贩毒、坑蒙拐骗、强买强卖等，这些不良现象都有损于社会福利，是需要克服的。这就需要政府对市场的运行进行适度的干预，而宏观调控则是政府干预经济的主要方式。因此，当初那个说法可以改为“既找‘市场’也找‘市长’”才算比较全面和准确。

经济学界的又一奇迹——凯恩斯

凯恩斯1883年诞生在英国，他生活的年代比亚当·斯密整整晚了一个半世纪，在经济学领域，他的地位堪比斯密，斯密虽然开创了经济学，但是通读他的《国富论》，你会发现很多内容更像是算命，他告诉你事情是怎么样的，但是并没有告诉你为什么是这样，而凯恩斯则是将经济学彻底梳理并系统成形的第一人。他领导的经济学流派占据了20世纪中后期经济学的主要舞台。凯恩斯经济思想的形成其实很大程度上得益于他生活的年代。那个年代，生活富足，几乎人人都有汽车，买东西可以随心所欲，物质生产前所未有的繁荣，大量消费和大量供应同时存在，然而令人们始料未及的经济危机却到来了，在美国爆发并迅速横扫欧洲直至成为世界性的灾难，生产出的产品滞销，大量工人失业，国民经济陷入衰退。

凯恩斯

秉承斯密精神的经济学家以及政府眼巴巴地瞅着事态发展，寄希望于市场的力量将经济重新推上健康的轨道，然而这一等就是十多年之久。凯恩斯发现了问题并对市场产生了怀疑，他指出问题的关键在于需求不足，因为在当时，不是买不到东西，而是东西太多卖不出去。于是在铅笔的例子中，生产的100支铅笔有一半甚至更多都变成了库存，并且积压越来越多，铅笔生产商发现无论他怎么提高效率降低成本，降价打折，结果还是亏损，没有顾客成为最头疼的问题。难道是大家突然之间都不喜欢用铅笔了吗？于是他决定转而生产圆珠笔，可是结果一样不尽如人意。于是他干脆一不做二不休，退出文具生产行业，转而投入其他行业，可是换了一行又一行，他发现无论在哪一行产品总是卖不出去。与此同时，伐木场发现不再有顾客需要木材生产铅笔了，木材需求量大减，于是，生产伐木锯子的工厂产品也卖不出去，采矿冶炼业失去了生产伐木锯子的顾客；颜料、热量、照明、电力、传动带、电动机等设备生产商的销售额也在减少；用于铅笔芯原料——石墨生产的公司生意锐减；运输业感受到危机，因为木材、石墨、设备运输量都在减少，司机叔叔感到无事可做，紧接着汽车厂、造船厂产品的销路也成了问题；甚至于生产蓖麻子和加工蓖麻油的农民也发现没有人再需要他们的产品了。各行业老板不得不裁员减薪以弥补亏损，越来越多的工人失业，他们收入变少，只能勒紧裤腰带生活，尽量节流。于是，食品、服装、日用化妆品等行业相继出现产品卖不出去的情况，一个铅笔行业的悲哀不断地扩大，受影响的人也越来越多。

市场还是那个市场，参与者还是那些参与者，产品也还是那些产品，然而情况怎么完全不同了呢？这就是凯恩斯所说的需求的影响。斯密只想到告诉我们怎样不断积累财富，那就是完全依靠市场，依靠人们的利己心，但是他忘了告诉我们这种方法的适用条件。也可能他自己本身就没有意识到这一点，因为在他那个年代，根本不用担心东西卖不出去，那个时候的最大问题是物资不够用，只要开工产品就会被抢购一空，大家只关心怎样生产更多的商品。

在那个斯密思想一家独大的年代，凯恩斯另辟蹊径，勇敢地提出挑战，引导人们第一次正视需求的重要。他主张，政府应该参与经济，利用自己的优势帮助市场扩大需求，从而使得市场机制能够持续稳定地发挥作用。

“挖坑理论”

在经济学中，有一个著名的“挖坑理论”，它说的是政府为了增加需求，可以在原本平坦的大路上挖出一个大坑，然后雇人填上这个坑。

讲到这里，同学们可能会觉得很奇怪，挖个坑再填上，对道路没有任何改善，这样做明明就是浪费嘛，跟咱们中国人节俭的传统美德背道而驰。然而有趣的是经济学家们并不这么认为，相反，他们觉得这样做相当有意义。因为在他们看来，政府的这一行为首先必须找到工人，支付给他们一定的报酬让他们劳动，这就解决了一部分失业问题；其次，挖坑填坑需要设备，也许是挖土机，也许电锤电钻，也可能只是简单的铲子，但都相当于帮助这些设备生产商增加了顾客，扩大了他们产品的销量；挖土机、电锤电钻的生产需要使用钢铁，于是冶金矿产业有活干了；使用这些设备还必须依靠电，电厂发的电销路增加；参与挖坑填坑的工人想要安全作业还必须提供给他们一定的劳动保健物品，比如安全帽、工作服、手套、面罩等等，这又相当于增加了相关生产商的产品销路；所有这些部门产品卖得更多了，赚的钱也多了，于是他们可以购买更多的设备，扩建厂房，增加雇工，补充生产原料，这样一来，更多相关的上下游产业间也接获得了“挖坑”带来的好处并同时将好处传播到更为广泛的空间乃至整个国民经济。同学们，“挖坑”这么一件小事居然能有这么大的好处，你是不是感到很匪夷所思？别急，效果还没完呢，所有上述行业的员工也会从“挖坑”中得到好处，或者增加收入，或者有更多的失业者找到领薪水的工作，结果有能力购买商品的消费者也增加了，这样需求进一步增加，整个国民经济面临第二波增长。

宏观调控的主体

同学们，现在有了这么一件事，你们可以发表各自的看法。学校里新操场刚建好没多久，这时换了新校长，他了解到现在学生普遍抱怨吃饭不方便，因为食堂离宿舍太远，这样一来中午休息时他们就没有足够的时间午睡，下午上课没有精神，可是学校面积有限，找不到能再开发利用的空地。于是新校长提议对校园的布局进行重新规划，在目前操场所在处修一个新的食堂兼宿舍，因为旧食堂离宿舍实在太远了，而操场离宿舍和教学楼都近得多；然后把原先食堂处改为操场。一来缓解学生住宿紧张的问题，二来减少食堂、宿舍和教学楼的距离为学生带来便利，三来不影响学生们的正常体育锻炼。作为一个局外人，肯定有人会埋怨学校管理层做事欠考虑，如果早做规划，在操场修建之前就考虑到各方面因素，直接建造新的食堂兼宿舍，然后把旧食堂拆除改建成操场那不就可以避免浪费了吗？可能有人还会怀疑新校长这么做的初衷，他是不是从改建的工程中得到了什么私人好处呢……在我们接触了“挖坑理论”之后，相信对新校长的赞同人数会上升，这是一个有趣的现象。然而，如果将自己假想成学校的投资人，你会是什么态度呢？你要知道学校管理层的失误意味着你口袋里的钱变少，即便你知道“挖坑理论”，作为一个以投资为目的的生意人，恐怕你还是不会对这种做法予以支持吧。现在请大家思考一个问题，同样一件事，为什么大家的态度不同呢？

问题的关键在于评价者的角度不同，作为局外人可以发牢骚，可以表认同。经济学家也是局外人，他们习惯从社会角度思考问题，所以在他们看来，学校改建这件事也有着“挖坑”的效果；但是作为学校投资人情况就不同了，涉及自身利益，这时你不再是一个局外人，这就是为什么凯恩斯认为应该由政府担当宏观调控的执行人的原因。个人受利益的驱使，这是天性，而政府不同，政府不考虑个别的得失，它更看重整体利益。实际上也只有政府才能做宏观调控这件事，因为不会有哪个厂商会不计得失地白白扔出巨资服务其他人。

宏观调控有什么作用？

在市场经济条件下，市场对实现资源的优化配置发挥着积极的作用，市场的长处体现在能够通过竞争，促进技术和管理的进步，实现产需衔接。但是市场的调节作用不是万能的，在社会经济生活中，有些部门或领域市场不能调节，有些则不能让市场发挥调节作用。

市场不能调节的部门或领域有：对国防、治安、消防等公共消费设施的供给不能用价格、供求、竞争等市场机制去调节，因为这些是不以盈利为目的，而是国家和政府根据国防现代化和维护社会稳定、人民安全的需要出发投资兴办的领域。不能让市场发挥调节作用的部门或领域有：有些产品如麻醉品、枪支弹药、不健康的书刊等，经营者可以大发其财，但公民的健康、社会治安和社会风气则会受到损害，所以不能依靠市场调节，而只能由国家和政府采取打击和严惩的措施，取缔从事生产经营麻醉品、枪支弹药、黄色音像制品的不法商人。

即使在市场调节可以广泛发挥作用的领域，市场也存在固有的自发性、盲目性、滞后性等弱点和缺陷。由此可见，在市场经济条件下，不能把市场交易的原则运用于一切领域、一切社会经济活动中去。市场调节的作用不是万能的，因此对于政府而言，宏观调控的主要作用有：促进经济增长、增加就业、稳定物价、保持国际收支平衡。

第一，促进经济增长。持续快速的经济增长是实现国家长远战略目标的首要条件，也是提高人民生活水平的首要条件。因此，促进经济增长是宏观调控的最重要的作用。促进经济增长是在调节社会总供给与社会总需求的关系中实现的。因此，为了促进经济增长，政府必须调节社会总供给与社会总需求的关系，使之达到基本平衡。

第二，增加就业。就业是民生之本，是人民群众改善生活的基本前提和基本途径。就业的情况如何，关系到人民群众的切身利益，关系到改革发展稳定的大局，关系到全面建设小康社会的宏伟目标，关系到实现全体人民的共同富裕。促进充分就业是政府的责任。我国当前面临严峻的就业形势，一方面劳动供给数量庞大，另一方面劳动力需求显得有限。据权威部门最新公布的统计数据：从 2007 年到 2010 年，城镇每年需要安排就业的劳动力多达 2400 万，而年度能够安排就业岗位仅为 1000 万左右，1400 万就业缺口需要填补；我国人才总体缺乏，但大学生就业难正日益成为一个社会问题。数字显示，2009 年高校毕业生数量为 611 万，初次就业率为 68% 左右。2006 年以来，在珠三角、闽东南等地区相继出现较严重的民工短缺，深圳等一些地区缺工近 10%，月平均工资在 700 元以下的企业普遍招工困难；我国现有农村富余劳动力 1.5 亿人，农村劳动力转移和进城务工规模、速度正在加大。面对巨大的社会就业压力，我们必须坚持实行促进就业的长期战略和政策，长期将增加就业的宏观调控目标落到实处，并严格控制人口和劳动力增长。就业的增加取决于经济增长速度和伴随经济增长的就业岗位增长量。要增加就业，首先要促进经济持续快速增长，这是增加就业的基础。同时还必须提高就业岗位量，需要积极发展劳动密集型产业、第三产业、中小企业、非公有制企业，大力推进城镇化，加快小城镇建设。

第三，稳定物价。在市场经济中，价格的波动是价格发挥调节作用的形式。但价格的大幅度波动对经济生活是不利的。如果物价大幅上升、出现通货膨胀，就会刺激盲目投资、重复建设，造成片面追求数量扩张，最终导致经济效益下降；如果物价持续下降、出现通货紧缩，则会抑制投资，致使生产下降、失业增加。在社会主义市场经济条件下，绝大多数商品和服务的价格由市场决定，但政府可以运用货币等经济手段对价格进行调节，必要时也可以采用某些行政手段（如制止乱涨价、打击价格欺诈），以保持价格的基本稳定，避免商品价格的大起大落。

第四，保持国际收支平衡。国际收支是指一个国家或地区与其他国家或地区之间由于各种交易所引起的货币收付或以货币表示的财产的转移。各国政府在对外贸易和投资以及引进国外投资的资金总量方面应予以规划和引导，从而保持本国国际收支的平衡，确保本国的经济安全。

政府怎样进行宏观调控？

如果亚当·斯密是“经济学之父”的话，那么凯恩斯就应该成为宏观调控的鼻祖了。前面我们已经看到，凯恩斯发现了大萧条的原因，而他针对这一问题所提出的解决方案就是让政府充当先锋，主动去修桥造路，建厂投资，甚至于去挖个简单的大坑。

凯恩斯宏观调控的具体方法包括两大类：财政政策和货币政策，但无论哪种方法，目的都是扩大需求。财政政策通过税收、国债、购买性支出和财政转移支付等手段来调节总需求。购买性支出指的是政府在商品和劳务上的花费，比如修建道路、购买飞机、支付劳务薪水等。政府转移支付大都具有福利支出的性质，如社会保险福利津贴、抚恤金、养老金、失业补助、救济金以及各种补助费等；农产品价格补贴也是政府的转移支付。由于政府的转移支付实际上是把国家的财政收入还给个人，所以有的西方经济学家称之为负税收。财政政策可以通过减少税收以刺激消费；也可以增加政府购买性支出以刺激生产。

货币政策通过中央银行调节货币供应量，影响利息从而作用于信贷供应来影响总需求。具体措施包括控制货币发行；控制和调节对政府的贷款；推行公开市场业务；改变存款准备金率；调整再贴现率；选择性信用管制等。

按照对需求的影响方向分类，财政政策及货币政策都可以分别划分为扩张性政策和紧缩性政策。在经济萧条时期实行扩张性财政政策和扩张性货币政策，以刺激社会总需求，加快经济复苏；在经济高涨时期，则实行紧缩性财政政策和紧缩性货币政策，以减少社会总需求，延缓经济危机的来临。扩张性财政政策指通过财政分配活动来增加和刺激社会的总需求，紧缩时相反。扩张性货币政策通过提高货币供应增长速度来刺激总需求，这时，取得信贷更为容易，反之亦然。凯恩斯面对需求不足的现实着重推行扩张性财政政策。凯恩斯以后，宏观调控的内容被后继者不断丰富，调控手段更为多样化，总的来说可以分为三类——经济手段、法律手段和行政手段。

第一，经济手段。所谓经济手段是指国家运用经济政策和计划，通过对经济利益的调整而影响和调节社会经济活动的措施。常见的经济手段有制定经济计划、财政政策、货币政策、收入政策、产业政策、区域发展政策、投资政策、价格政策等。运用经济手段对市场经济进行调控，有利于实现国民经济的持续、快速、健康发展。

例如，为了积极应对2007年以来的国际金融危机，中央及时出台了一系列扩大内需、促进经济平稳较快发展的政策措施，制定了刺激经济增长的“一揽子计划”，分别于2008年第四季度和2009年第一季度，启动了1000亿元和1300亿元新增中央投资项目的实施工作。再如，据《嘉兴日报》2009年6月4日刊登的《打好节能降耗漂亮仗——我市单位GDP能耗节节下降》一文报道，嘉兴市充分发挥各级节能专项资金的作用，在重点领域、重点行业和重点企业中，引导各类企业采取节能新设备、新工艺、新技术，提高能源利用效率。2008年，嘉兴经济开发区安排了64.2万元专项资金，鼓励区内企业积极进行节能技改，重点推广了晓星氨纶和汇泉染织的锅炉水煤浆技术改造，嘉桐大道

LED 节能照明灯的应用等。据统计，2008 年，嘉兴市共实施 329 个节能项目，总投资 29.84 亿元，年节能 45.87 万吨标准煤，实施工业节水项目 44 个，总投资 2.91 亿元，年节水 1333.14 万吨。

第二，法律手段。所谓法律手段，是指国家指定和运用经济法规来调节经济活动的手段。法律手段主要有经济立法、经济执法、法律监督等。用法律手段可以有效地维护经济活动参加者的合法权利，调整社会经济关系，规范生产经营者的活动和市场秩序，保证经济的正常运作。例如，为进一步规范我国社会主义经济的运行秩序，2006 年 1 月 1 日经人大及其常务委员会批准，共有 87 部法律、法规、规章开始实施。其中，国家级法规 50 部，地方法规 37 部，涉及消费、纳税以及公司、证券、保险、节能等诸多方面。这些法规的实施，能更好地维护公众权益。其中，全国人大常委会通过的《中华人民共和国个人所得税法》规定，从 2008 年 3 月 1 日起，个人所得税起征点由 1600 元提升到 2000 元。实践证明，这类法律法规的颁布和实施，有效地维护了经济活动参加者的合法权利，保证了经济的正常运行。

第三，行政手段。行政手段是指国家通过行政机构，采取行政命令、指示、规定等行政措施来调节和管理经济的手段。行政手段主要包括行政命令、行政制度、行政法规和条例等。由于我国中央政府兼有国有资产直接所有者的身份，其行政手段也作用于由国务院直管的大型企业集团。需要注意的是，行政手段必须反映客观经济规律的要求，不能片面强调和过多地使用，否则，将不利于市场作用的发挥，甚至产生消极的后果。

例如，2009 年 4 月 6 日公布的《中共中央国务院关于深化医药卫生体制改革的意见》中提出：“建立基本药物的生产供应保障体系，在政府宏观调控下充分发挥市场机制的作用，基本药物实行公开招标采购，统一配送，减少中间环节，保障群众基本用药。”“基本药物全部纳入基本医疗保障药物报销目录，报销比例明显高于非基本药物”的规定，这意味着由政府买单的基本药物将有巨大的市场，随着基本药物制度的实施也将加速医药行业整合。对中小制药企业来说，能否进入基本药物目录，在某种程度上决定了医药企业未来的生死存亡。据报道，我国现有五六千家制药企业，绝大多数是仿制药企业。由于单一品种的生产厂家太多，不少药品的毛利率及价格都不会很高，对于这些药品生产企业来说，如果能够入选到目录中，未来则将面临广阔的市场空间。而对大部分没有入选名录的制药企业来说，则意味着失去巨大的市场，药企将面临生存难题。预计，随着基本药物制度的推进，将有不少药企退出市场，行业集中度将进一步提高。

政府干预也有弊端——政府失灵

政府对国民经济的宏观调控虽然具有使社会生产得以协调发展的积极作用，但由于政府行为自身的局限性和其他客观因素的制约，政府为弥补市场失灵在对经济、社会生活进行干预的过程中却会产生出新的问题，导致政府无法使社会资源配置的效率达到最佳，甚至会造成更大的资源浪费。这就是“政府失灵论”。好比在观看游行的例子中，那个组织大家蹲或站或踮脚的人，由于本身组织能力有限，组织大家时缺乏效率，游行已经过去，队伍却还没排好，不仅没能使大家都看得更清楚，甚至还成为游行的干扰因素。

通常，政府失灵主要表现在以下几方面：政府决策没有能够发挥效果、政府机构和工作人员数量的膨胀、政府财政预算的不断增长、政府提供的诸如交通运输等带有社会公共性质的物品供给的低效率、官场经济中权力的货币化（权钱交易）等。

3 “两只交叉的手”——计划调节与市场调节

“看不见的手”的说法源自近代经济学的鼻祖亚当·斯密，用来形象地说明市场经济这一资源配置方式。自从凯恩斯的《就业、利息和货币通论》一书出版后，“看得见的手”便流行起来，用来说明国家干预或宏观调控。

实际上，在现代市场经济条件下，计划调节与市场调节缺一不可，打个比方，如果把整个经济看成是一个人，这个人能够健康生存要依靠自己本身机体的正常运转，人健康的时候，人体自身的免疫系统帮助他抵抗病毒，可是谁也不能保证自己的机体一直正常运转，于是有的人在平时生活中还会注重养生，加强锻炼，吃保健品等。可是一旦他生病了该怎么办呢？有的人马上去医院找医生看病，对症下药，该吃药的吃药，该打针的打针，一阵折腾，病好了；还有的人喜欢自己挺着，一段时间后自身免疫力起作用杀死了病毒，病也好了；万一这个人身体条件比较差，平时生活习惯不规律，免疫力低下，病情越拖可能越重，最后可能不治身亡；即便一开始就积极治疗，却不幸遇上了一个庸医，开的方子不对症延误了病情甚至加重了病情，结果可能同样是一命呜呼。

上述的例子里，免疫系统就好比市场调节，而平时吃保健品，以及生病时打针吃药就好比宏观调控。依靠市场的同时也要注意适当配合宏观调控，以使经济整体得以维持良好的发展状态，一旦市场调节本身无法起作用出现经济问题，宏观调控就需要适时补上，当然，宏观调控的具体手段需要因地制宜、因时制宜，否则，就好比一个人乱用药物的结果可能是情况变得更糟。现代市场经济从某种意义上说是“两只交叉的手”，用打比方的方式似乎很容易理解，那么用经济的语言如何解释呢？这是由计划调节与市场调节两种调节手段的特性所决定的。

与市场调节相比，计划调节具有独特的优越性：一是可以合理而又充分地使用劳动力和生产资料；二是可以保证国民经济重大比例关系的协调；三是可以集中大量的人力、物力和财力，优先发展国民经济的重点部门和行业，从而保证国家在短时期内为实现工业化奠定了基础。但是，要发挥计划调节的这些优势，不仅要求在计划调节的指导思想上实现主客观的统一，避免计划与实际的严重脱节，而且还要求借助“看不见的手”，有效配置社会资源。否则，就会造成信息失灵、价格信号失真、产供销脱节，使经济结构失衡和官僚主义现象严重以及生产上窝工低效、分配中吃大锅饭等问题。

相反，市场调节具有主动、高效、灵活等特征。具体说来，市场调节的有效性表现在以下几个方面：

（1）自发调节劳动力和生产资料在各地区、各部门之间的分配。市场调节的实质是对市场上不同经济主体的利益调节，但其凭借的手段是价格与价值的相对背离。当市场上某种商品供不应求时，价格就会自动上涨到价值以上，从而刺激更多的商品生产者去生产和经营这种商品。反之，当某种商品供过于求时，市场价格就会降至价值以下，从而又会迫使商品生产者压缩这种商品的生产规模甚至放弃这种商品的生产和经营。市场调节正是通过价格这个“晴雨表”来调节经济主体的经济利益，从而使价格与价值趋于一致，使生产要素按照一定比例分配于各部门之中。

（2）促进社会生产力的快速发展。市场调节所依据的基本规律是价值规律，它的本质是商品的价值量由社会必要劳动时间决定。如果企业生产某种商品的个别价值低于社会价值，按照社会价值决定的价格出售商品，企业就能获得超额利润。反之，如果企业生产某种商品的个别价值高于社会价值，其超过部分就不会被社会所承认，企业就得不到平均利润，甚至破产、倒闭。经济主体在追求平均利润甚至超额利润的内在动力和竞争的外在压力的双重作用下，积极改进生产技术、提高劳动生产率，从而推进生产力的迅速发展。

(3) 直截了当地为经济主体提供经济波动的情报信息。经济波动中的市场调节是通过价格、利率、工资、汇率、股票价格等这些与货币相联系的价值形式实现的。价格的涨落，反映出某些产品与资源在供给和需求上的量的变化；不同商品和劳务的价格对比关系的变化，反映着社会供给结构或需求结构的变化；利息率的高低表明资本供求的状态；汇率的变化反映了本国货币与他国货币在币值对比关系上的变化；从而对商品和劳务的进出口产生影响，等等。这些变化都反映了整个社会资源配置的状态及变化的方向。人们通过这些天然的信息语言传送出的供给和需求的有关信息，了解经济形势及其变化发展趋势，确立自己的选择和决策。

上述特征说明，在一般情况下，市场经济能够自动实现资源优化配置和促进经济增长。但是，市场调节并非完美无缺，它又存在以下缺陷：

第一，市场调节具有滞后效应。市场调节是一种事后调节，这种调节是通过市场价格的涨落来实现的。在一个生产过程结束之后，由于供给与需求之间可能不一致，从而导致价格的变动。而价格的变动又反向地影响供求关系或抑制需求，刺激生产；或刺激需求，抑制生产。价格变动通过影响供求关系，进而影响下一轮生产过程，而在前一轮生产过程中，由于产品不对路或生产与需求不相适应，就有可能出现损失。另外，瞬息万变的市场价格只能反映市场供给和需求的短期数量变化，而不能反映供给与需求的长期趋势。生产者只能根据眼下的价格高低来决定以后的生产经营，而无法判断消费者未来的商品需求状况。等到企业捕捉到市场下一期反馈来的信息时，市场状况又会发生新的变化。还是萨缪尔森说得好：“价格制度的缺点之一就是：在现实世界中，竞争远不是‘完全’的。厂商不知道消费者的爱好在何时变动；因此，他们可能过多地生产某一类物品，而过少地生产另一类物品。当他们积累到经验的时候，情况可能已经又变动了。”①

第二，市场调节具有溢出效应。溢出效应或称外部经济效果，它是所有的市场失灵中“最为严重的失灵”。按照萨缪尔森的解释，“当企业或人们向其他人施加损害或利益，而又不向这些人支付应有的代价或收取应有的报酬时，就出现了外部效果(或溢出效应)”。② 更确切地说，溢出效应就是一个经济人的行为对另一个人的福利所产生的效应，而这种效应并没有从货币和

① 萨缪尔森：《经济学》上册，商务印书馆1979年版，第62页。
② 萨缪尔森：《经济学》上册，商务印书馆1979年版，第67页。

市场交易中反映出来。例如，当一家工厂喷出的烟雾损害当地居民的健康和财产，而该企业不为此支付任何费用的时候，便产生了外在经济负效应。它使人类的生存环境不断恶化，导致生态效益、社会效益下降，产生社会资源浪费等恶果。

第三，市场调节具有失衡效应。这里所讲的失衡，包括总量失衡和结构失衡两个方面。从前者看，市场调节只能对商品生产的微观平衡起自动调节器的作用，而不能保证整个国民经济的总量均衡。这是因为，总供给和总需求的平衡，是以国民收入分配和使用过程中消费储蓄、投资等总量的平衡为条件的，而这些宏观平衡是价值规律的自发作用所难以胜任的。不仅如此，仅仅依靠市场调节还有可能导致宏观经济的失衡。譬如，有些商品的生产已经超过了社会需要量，但由于竞争过度而使市场信号失真，加之企业本身收集和处理信息的能力较弱，有可能重复投资、盲目上马，从而导致供求总量的进一步失衡。从后者看，市场调节也不利于产业结构的调整。市场调节对于供给弹性大或可替代性强的产品比较有效，所谓的“供给与价格成正比，需求与价格成反比”说的就是这个道理。但对于供给弹性与需求弹性小的重要产品，市场调节的作用从信号变动到行为调整往往需要一个漫长的过程。例如，钢材严重短缺，即使价格上涨，也不容易立竿见影地刺激生产，因为钢材数量的增加从投资上马、扩大规模到产品问世，往往要经历好几年的时间。因此，市场调节对于总量平衡、结构优化是无能为力的。它由竞争而引起的生产要素在不同地区、不同部门的转移，常常会造成社会经济生活的剧烈震荡。

第四，市场调节具有局部效应。市场调节是对局部利益的调节，其调节范围是商品经济活动，即以盈利为目的的生产与经营活动，而对社会中的相当一部分非盈利性的经济活动，如环境保护、公路建设、公共福利、文教卫体、宣传教育以及基础设施和风险比较大的技术开发，市场调节是鞭长莫及的。而这些事业对于经济腾飞又是必需的。例如，铁路是商品流通的大动脉，由于需要庞大开支，一般企业难以承担，这就需要国家从长计议，统筹安排。

第五，市场调节具有垄断效应。企业之间的竞争，形成生产的高度集中，使企业的横向联合成为可能。某些企业集团凭借其规模经济的优势而垄断市场，他们往往会从价格承受者的地位转变到价格决定者的地位，限制产品、提高价格，以获得超额利润。另外，“在竞争的制度下，许多生产者根本不知道其他生产者所使用的方法，从而成本不会降至最低点。有的时候，在竞争的斗争中，为了获得胜利，技术知识的保密和保持高额产量是同样重要的。”① 这又从另一个方面阻碍科学技术在更大范围的推

① 萨缪尔森：《经济学》上册，商务印书馆 1979 年版，第 62 页。

广，使生产力的充分发展受到一定程度的限制。

第六，市场调节具有分化效应。单一的市场调节意味着企业生产什么，生产多少、为谁生产完全取决于货币选票，这就必然形成社会分配的不公和两极分化。萨缪尔森指出："物品流进选票或货币最多的地方。富人的狗可以得到穷人的孩子为了避免软骨病而必须饮用的牛乳。从道德观念看，不完善是十分可能的，但是，从市场机制所应完成的任务来看，拍卖市场正在完成他所应该完成的任务——把物品交给出价最高的人，交给具有最高的货币选票的人。"① 道德判断服从于价值判断，这既是市场调节的出发点，也是市场调节的归属。

由于斯密的"看不见的手"学说建立在完全竞争和没有市场失灵的假定前提条件下，而当存在垄断、外部效应、公共品、信息不对称等情况时，"看不见的手"的显著效果就会大打折扣。据此，萨缪尔森提出了"两手论"，即"看不见的手"与"看得见的手"并行不悖。他提出，市场与计划各有利弊，是不可或缺的两个手段。据此，萨缪尔森指出，为回答市场机制的缺陷，各国都采用政府的"看得见的手"，以与市场的"看不见的手"并行。政府凭借其拥有和经营的某些企业（如军工企业）而垄断市场；政府控制一些企业（如电话公司）；政府花钱用于宇宙空间

① 萨缪尔森：《经济学》上册，商务印书馆 1979 年版，第 67 页。

探索和科学研究；政府对其公民征税并再分配收入给贫穷人民；政府运用财政金融力量以促进经济增长和制服经济周期。[①] 按照萨缪尔森的意见，政府的经济职能主要有三个方面：促进效率、提倡公平和扶植宏观经济增长与稳定。

① 萨缪尔森：《经济学》上册，商务印书馆1979年版，第41页。

4　灯塔的故事——公共产品的供给

先看熊秉元在《灯塔的故事》一书中的几段叙述：

在一个临近海边的渔港村落里住了二三百个人，大部分人都靠出海捕鱼为生。港口附近礁石险恶，船只一不小心就可能触礁沉没而人财两失。这些村民都觉得该建一座灯塔，好在雾里夜里为进出渔港的船只指引方向；大家对于灯塔的位置、高度、材料、维护都比较容易达成协议，最难解决的问题恐怕就是费用如何在村民们中间进行分摊了。那么，村民们怎样分摊建造灯塔的费用比较好呢？

既然建造灯塔的目的是保障渔船的航行安全，那就根据船只数量平均分摊吧！可是，船只有大有小；船只大的船员往往比较多，享受到的好处相应也就比较多，因此，依据船只数量平均分摊，从小船的角度看来很不公平。

那么，依据船员人数分摊可能比较好。可是，船员人数并不完全确定，各家渔船的出海频率也不一样，按照这个指标分摊费用并不理想。

那么，该看渔获量，捞得的鱼多，收入较多，自然应该负担比较多的费用。所以，依渔获量来分摊比较好！可是，以哪一段时间的渔获量为准呢？要算出渔获量还得有人称重和记录，谁来做呢？而且，不打渔的村民也间接地享受到了美味的海鲜，也应该负担一部分的成本。所以，依全村人口数平均分摊最公平！

可是，如果有人是素食主义者，不吃鱼；难道也应该出钱吗？可是，即使素食主义者自己不吃鱼，他的妻子儿女还是会吃鱼啊。所以还是该按全村人口平均分摊。可是，如果这个素食主义者同时也是个独身主义者，没有妻子儿女，怎么办？

还是船只数为准比较好；船只数明确可循，不会有争议！可是，如果有人反对：虽然家里有两艘船，却只在白天出海捕鱼，傍晚之前就回到港里。所以，根本用不上灯塔，为什么要分摊？或者，有人表示：即使是按正常时段出海，入夜之后才回港，但是，因为是航海老手，所以港里港外哪里有礁石，早就一清二楚，闭上眼睛就能把船开回港里，当然也就用不上灯塔！

好了，不管用哪一种方式，如果大家都同意，哪怕是勉强同意也好。当然，也许有人乐于捐助。可是，由谁来收钱呢？在这个没有乡村管理机构的村落里，谁来负责挨家挨户地收钱和保管呢？

好吧，如果有人自告奋勇，或有人勉为其难地出面为大家服务，总算可以把问题解决了！可是，即使当初大家说好各自负担多少，如果有人事后赖皮，或有意无意地拖延时日，就是不付钱，怎么办？大家是不是愿意赋予这个“公务人员”某些类似决断、惩罚的“公共权力”呢？

对一般人来说，也许灯塔和实际生活经验有一段距离，不太能体会上述故事所包含的道理。但是，类似的例子还有很多。每一个人都可以自问，如果要在自己家附近的巷子里设一盏路灯，钱要由街坊邻居一起分摊、地点要由大家商量决定；那么，你认为怎样做比较好，或者你觉得走夜路没有什么不好，何必劳民伤财呢？这种艰难决策和灯塔问题在本质上是一样的。

大海中的灯塔是许多经济学家津津乐道的话题

正如梁小民所说，经济学家对灯塔问题一直情有独钟。19世纪英国经济学家穆勒曾经指出，虽然海中的船只可以依靠灯塔的指引而得益，但若要向他们收取费用就办不到。除非政府用强迫征税的方法，否则灯塔就会因无利可图而无人建造。稍后一点的另一位英国经济学家西奇威克发展了穆勒的观点，认为像灯塔这种产品或服务，想依靠市场收费来鼓励提供服务的观点是错误的，因为这些服务为社会所需要却又无法收费。20 世纪 20 年代，英国经济学家庇古则以灯塔为例说明了市场失灵问题。

公共物品和市场失灵

灯塔之所以为经济学家津津乐道，就在于它是一种不同于一般物品的公共物品。我们所用的一般物品，如牛奶、文具、汽车都属于私人物品，其特征是具有消费的排他性和竞争性。排他性指可以有效地禁止别人消费，竞争性是一个人消费了其他人就不能消费或要少消费。例如，一个苹果如果是你的，法律就保证了你的所有权，不得到你的允许，别人无法享用，这就是排他性。你吃了这个苹果，别人就无法吃，或者要少吃这一个，这就是竞争性。公共物品则具有非排他性和非竞争性。例如灯塔，你无法排除没有为灯塔付费的人利用它导航，这就是非排他性，同时一个人利用灯塔也不会减少其他人的利用，这就是非竞争性。像道路、桥梁、立法、国防、基础科学研究这类东西都属于公共物品。

具有排他性和竞争性的私人物品，消费者通过购买而获得，从而有市场价格，生产者提供这类物品有利可图，价格调节可以实现供求双方都有利的市场均衡。市场经济可以提供充分的私人物品。但公共物品具有非排他性和非竞争性，不用购买也可以消费。这种不用购买也可消费的行为被经济学家称为“搭便车”。因此，公共物品没有市场价格，生产者提供这种物品无利可图。市场经济无法提供充分的公共物品。这就是庇古所说的市场失灵，即市场机制在解决公共物品的搭便车问题时是无能为力的。

像立法、国防、基础科学研究这类公共物品是任何一个经济都不能缺少的，是社会维持正常运行和经济发展所必需的。所以，庇古从市场失灵中得出的一个重要结论就是需要政府干预。这也是经济学家谈论灯塔问题的第一个结论。政府解决公共物品的方法是向居民强制征税，并用这些税收来购买公共物品。对整个社会来说，公共物品并不是免费午餐，因为是用公民交纳的税收来购买并提供的。对那些交不起税的低收入者和逃税的违法者而言，他们是享受了免费午餐，但他们的午餐费实际是由别人代交的。这正如别人请你吃饭不用你拿钱，但这顿饭本身并非免费午餐一样。

庇古等经济学家谈论灯塔问题，是要说明即使在自由市场经济中，市场也不是万能的，公共物品只能由政府来提供。到了20世纪中期，美国著名经济学家萨缪尔森明确提出了公共产品的概念，他指出，公共产品有利于整个社会，作为一种公共事业就不应该收费，维持这种公共事业的费用应当来自税收。

还有一些经济学家以此为基础说明了，向不同收入的人征收不同的税收，即实行累进税是合理的。从某种意义上说，富人享受的公共物品多，从中获益大，应该多纳税。例如，对一个百万富翁来说，国防保护了他的性命与全部家产，对一个一无所有的穷人来说，国防仅仅保护了他一条命而已。富人从国防中受益大，应该纳税多，这是税收的受益原则。从另一种意义上说，富人的财富来自社会，也应该多作贡献，请穷人吃一顿国防的免费午餐，这也是税收的能力原则。

但是，政府提供公共物品往往引起低效率，于是有一些经济学家从另一个角度谈论灯塔。产权理论的奠基人，美国经济学家科斯在 1974 年发表的《经济学上的灯塔》一文中，根据对英国早期灯塔制度的研究反驳了私营灯塔无法收费的观点。他证明了，即使是灯塔这样的公共物品也是可以实现私有化成为私人物品的。这样就可以消除政府提供灯塔这类公共物品的低效率。当然，并非所有公共物品都可以私有化，但对于那些在一定条件下可以具有排他性的公共物品（如设收费站的高速公路就有排他性），通过产权明确由私人提供也未必不是一种思路。

灯塔这种物品引起了经济学家关于公共物品的一系列争论。到现在为止，公共物品问题也没有得到完全解决，所以，有关灯塔的话题还会继续下去。

5　漏桶理论——政府调节收入分配的弊端

当今世界，政府在经济社会发展中起着越来越重要的作用。在收入分配领域，政府往往通过收入再分配政策，也就是向富人征税和向穷人提供各种补贴的方式来缓解收入分配差距，进而缓和社会矛盾。所谓收入再分配，是相对于国民收入初次分配来说的。当企业获得销售收入以后，必然要把这些收入用于支付工人和管理人员的工资，以及银行利息和其他方面的支出，剩余部分在交完各种税费后将成为企业所有者的利润。这种把产品价值在企业内部进行分割的行为叫做国民收入初次分配。与此相对应，政府把从企业征收来的税收收入在全社会范围内进行分配，比如用于包括向穷人发放救济金在内的各种社会福利支出，则属于国民收入再分配。

庇古的主张

经济学家庇古

在经济学界，英国经济学家庇古最早主张由政府出面对贫富差距进行调节。面对庞大的社会财富和大众严重贫困的对比，庇古第一次比较系统地表达了对经济平等的关注，1920 年他出版的名著《福利经济学》，把平等和效率同时纳入了经济分析的视野。在庇古看来，争取效率就是要合理配置资源，增加国民收入；而争取平等则是将富人的一部分收入转移给穷人，实现收入的均等化；只有二者兼顾，才能增进整个社会的福利。这就是最初的国民收入再分配理论。

漏桶理论

由于国民收入再分配的本质，是向富人征税，将这些税收收入再用于补贴穷人，因此常常被人们称作是“劫富济贫”。这种政策的出发点是解决贫富差距过大问题，也就是追求社会公平。但是，平等和效率在现实中往往是互相矛盾的，这种“劫富济贫”策略在解决社会公平问题的同时，对效率的损害常常受到人们的质疑，对于这个问题，美国著名经济学家奥肯曾作过非常精辟的论述，这就是著名的“漏桶理论”。

按照奥肯的说法，任何一个社会都有贫富差距，有富人也有穷人。假定富人和穷人分灶吃饭，在富人那里，由于人少粥多，白米粥经常吃不完，最后不得不倒掉，从而造成了不少浪费。而在穷人那里，则是人多粥少，常常吃不饱，为了得到有限的稀粥，人们不得不一大早起来排长队打饭，有的人连续几天都分不到食品，饿得瘦骨嶙峋。看到这种情况，政府决定每顿饭都从富人的锅里打一桶粥过来交给穷人吃，以减少浪费，并缓和穷人和富人这两大社会阶层之间的矛盾，也就是调节收入差距。

奥肯认为，政府的这种愿望是好的，但现实中会带来一些不良后果。奥肯用了一个形象的比喻，说政府在将白米粥从富人的锅里打出来向穷人运行的时候，使用的是一个底部有漏洞的木桶。这样，在政府把粥送给穷人的过程中，不少粥从桶里漏掉了，这就是著名的“漏桶理论”。漏桶理论表明，政府如果用税收的办法从富人那里转移一部分收入给穷人，穷人实际得到的，比富人失去的要少一些。比如，政府向富人征收了10亿元的所得税用以向穷人发放生活补助。可是最后穷人实际得到的补助金额只有8亿元，明显少于向富人征收的10亿元，其余2亿元白白丢失了。

经济学家奥肯

为什么会有这种现象呢？其原因有三个：

一是税收削弱了富人的投资积极性，使得富人创造的财富总量减少了。奥肯在他那本著名的《平等与效率——重大的抉择》一书中曾这样写道："如果税收对于储蓄和投资具有重大的和有支配的影响，那么在总量数字方面的证据将是引人注目的而且是明显的。1929 年，尽管美国经济处于萧条时期，但由于当时的税率很低，投资还是占了国民收入的 16%；在此之后，联邦税的税率上升了好几个百分点，到了 1983 年，尽管当时的经济处于复苏时期，但投资率仍没有超过 14%。"

二是税收影响了富人和穷人的劳动积极性。比如，富人原来管理和经营公司的积极性很高，但由于税收增加，使得同样的付出得到的利润减少了，富人的经营管理积极性没有以前的高了。而对于穷人来说，由于得到了一份月薪并不算高的工作，而失去了政府所有的补贴，他自然也就对找工作不热心了。

三是政府本身也需要消耗不少社会财富，加之政府官员贪污受贿，以及由于决策失误所造成的资源浪费，使得税收收入中的一部分被白白浪费掉了。

上述三种情况，都会造成可供分配的国民收入总量减少，也就是效率损失。正如奥肯所说："当我们拿起刀来，试图将国民收入这块蛋糕在穷人和富人之间做平均分配时，整个蛋糕却忽然变小了。"这是因为追求平等损害了效率，从而减少了国民收入。

"鱼与熊掌不可兼得"

平等和效率向来是"鱼和熊掌不可兼得"。漏桶原理表明，政府出于公平目的而实施的收入再分配政策有损于效率。那么，在这种情况下，二者相比，孰轻孰重呢？对于这个问题，经济学家、伦理学家，乃至哲学家仁者见仁、智者见智，始终争论不休。有人认为，人们之所以在平等和效率的抉择问题上颇有争议，原因就在于，现实世界是不平等的。富人因害怕失去既得利益，因而鼓吹效率，反对平等；穷人想不劳而获，因此支持平等，批评效率。

人们都戴着“有色眼镜”进行讨论，很难得出一个符合人性本来面目的结论。于是，美国有一位哲学家作了一个有趣的假想试验：将一群人带到一个远离现代文明的荒岛上，让他们在“原始状态”下开始新的生活。每个人对自己的未来一无所知，不知道自己将来是穷还是富，是成功还是命运不佳。现在，让他们在一起进行协商，去建立一个他们心目中“公正”的社会。那么协商的结果是什么？肯定是追求经济平等，而不是允许贫富分化。因为每个人都不知道自己将来的收入，会处于金字塔的什么位置，如果支持效率，他们就得承受忍饥挨饿的风险。这位哲学家就此得出结论说，在平等和效率之间，应该让平等优先。

然而，很多人对这个假想试验在现实中是否具有意义提出了怀疑，他们认为，在现实生活中，如果有些人天赋很高，他们却被迫获得与白痴一样的收入，那么这种收入的平等，恰恰是不平等的表现。当然，也有人担心追求平等会损害神圣的自由。由于公平缺乏一个客观的标准，它完全取决于仲裁者的主观看法，因此，当“公平”取代了“自由”的时候，所有的自由权利就都处于危险之中了。

与上述两种观念不同，奥肯持折中的观点。他认为，效率诚可贵，平等价也高，二者谁都不能偏废，只能寻找一种折中，既促进平等，又尽量减少对效率的损害。比如缩小补贴范围，降低补贴标准，就可以控制收入分配对穷人的劳动积极性的影响；调低所得税税率，提高消费税税率，就可以减小收入转移对富人的损害等等。奥肯特别指出，贫穷的根源是缺乏教育和训练，而要打破这种贫穷——不良教育——贫穷的恶性循环，最有效的办法就是向贫穷人口敞开教育的大门。“在走向平等的道路上，没有比提供免费的公共教育更为伟大的步骤了。”

当前，我国正处于社会主义市场经济高速发展时期，由于经济发展不平衡，贫富差距问题也相当严重。在收入分配政策方面，怎样在不损害经济效益的前提下缓解收入差距、促进社会公平，是政府正在努力实现的目标。

6 “一所伟大的学校”——价值规律

“当鸡蛋供不应求，价格上涨时，养鸡老汉心中充满了喜悦与期望；当鸡蛋价格下跌时，老汉无可奈何地举刀杀鸡；当鸡蛋价格又迅速回升，价格高于价值时，老汉留下的却是追悔莫及的叹息……”

其实这样的现象在生活中很普遍，比如苹果、梨子等水果，在不同的季节价格是不一样的，还有农副产品、衣服、手机等等，它们的价格也是时涨时落的。之所以会出现这样的情况，就是由于有一只“看不见的手”在指挥着商品经济的运作。这只手就是马克思提出的价值规律。说到这里，可能有的同学会有疑问：这只“看不见得手”跟我们谈市场经济时所说的“看不见的手”有什么关系呢？其实，此手即彼手，我们说的是一回事。市场借以自发调节的那只手就是价值规律，只不过凯恩斯并没有对这只手进行更深入的解释，而这一工作已由前人马克思完成了。

价值规律是商品经济的基本规律。其基本内容是：商品的价值量是由生产商品的社会必要劳动时间决定的，商品交换要以价值量为基础，实行等价交换。

价值规律发生作用的表现形式：受供求关系的影响价格围绕价值上下波动。

大家都还记得2003年的非典吧，就连不认识英文的人恐怕也认识了SARS这个单词。那么提起非典，我们都还记得当时的情景，人人都带上了厚厚的口罩，大街上没有人，新闻里每天播报当前的患病人数和死亡人数，全国人民都笼罩在紧张的氛围之中。而在这里我们所要关注的是为了预防非典，在北京两位专家开出非典型肺炎中草药配方后，人们为了预防非典，增加了对中草药的消费。全国著名药材市场——河北省安国药材市场中草药的价格一路暴涨，平时每千克只有20元左右的“银花”居然涨到180元。

在安国市药材交易大厅，每种中药材的价格几个小时就会有上涨。像“苍术”，原来每千克只有4至5元，却涨到26元；“贯众”每千克1元涨到8元。前来购买非典型肺炎中草药的顾客多来自北京、天津、河北、内蒙古和东北三省。北京一家医院一次就购买了3吨该种“配方”药材。几个大药材经销大户每天就能赚上百万元，市场一天就能出现几个百万富翁。而看看当前，非典已经远去，往日那些畅销的中药的价格又回到了原来的水平。

中草药价格虽然曾经涨到过高位最终却又回归低位，说明了价格总是围绕价值这个轴心上下波动。就像地球围绕太阳转，两者距离有时近一些，有时远一些，但它总不能离开太阳这个中心。价格的波动也一样，它不会距离价值太远，总是围绕价值这个轴心上下波动。例如：一辆自行车价格再涨也不会比一辆汽车的价格高；价格再低也不会比一辆玩具自行车价格低。这说明价格虽然受供求关系的影响，但价格仍由价值所决定，最终也将反映价值。

价值规律的作用

20 世纪 80 年代，彩电是我国市场上的紧俏商品，价格昂贵，利润丰厚。如此，我国彩电生产线迅速增加，达 100 多条。1992 年，我国彩电库存达 200 万台。1996 年开始，市场上的彩电行业每年都进行价格大战。进入 2000 年，价格更是“跳水”。2000 年 6 月，几大彩电巨头聚会深圳，签订“限价联盟”。但彩电价格仍不断下跌。21 英寸彩电更是跌破千元大关。结果，部分彩电厂家转产，有的被兼并，甚至破产。但是，“长虹”电器公司重视科学技术和科学管理。从 1988 年以来，“长虹”先后建起 317 条彩电装配线，安装了大量先进配件生产设备。在管理上，他们自主经营，自负盈亏，自我发展，自我约束。整个公司从领导到职工，根据自身岗位要求，苦练本领，提高了整个公司人员的素质。其他彩电厂家也纷纷在以上几个方面做出了努力。近年来，长虹一跃成为我国最大的彩电生产基地，国内销售量居全国第一，成为彩电业的“龙头老大”。

同样都是彩电生产行业，为什么有的企业不断发展壮大，取得巨大的成功，而有的转产，被兼并，甚至破产，造成这样不同结果的原因是什么？其实，这就是价值规律在发挥作用。你肯定一头雾水了，别急，下面让我们通过一些例子，把价值规律分解，看看它究竟有什么作用。

价值规律调节生产资料和劳动力在各部门之间的分配

例证一：

1850年，美国一位屠宰场的老板收到大量订单，结果很难完成任务。后来老板想了一个办法，即：在车间里安装上铁杆，铁杆上装上吊环。先找两个伙计，让他们把一头头整猪挂在吊环上，又把其他人分成几组，每组只解决一个问题，有的剥皮，有的开膛，有的剔里脊，干完规定的活儿，就把猪推到下一工序，劳动效率大大提高。又过了50年，这种办法被用到工业生产上，福特对复杂的劳动进行了科学分工，45个步骤形成了生产流水线，工厂并没有多花一分钱，反而节省了人力，装配一辆汽车只要一分钟。现代化大生产诞生了。

例证二：

某地，数量有限的苹果树苗在栽培种植热中，每株价格一度高达4元，一些果农暴富后，许多果农认为种苹果树苗可以赚钱就都纷纷开始种植，大量投资。数年后，苹果树苗每株卖到几角、几分钱也无人问津，相当一部分果树苗只好晒干当柴烧。此后，人们开始了解市场信息。有人改行建造蔬菜大棚，有人搞起运输，有的引进新的优质苹果树苗继续生产经营。

这就说明，在商品经济中，市场主体要努力去追求自身利益。当某种商品（比如当初的苹果树苗）供不应求，价格高于价值时，由于有利可图，许多商品生产者就会被吸引过来生产这种商品（比如众多果农投巨资大种特种），从而使生产资料和劳动力流入这个生产部门，导致这个生产部门的扩大和产品供应地增加。反之，当某种商品供过于求，价格低于价值时（比如数年后每株苹果树苗只卖到几角、几分钱），由于无利可图甚至亏本，许多商品生产者就会减少甚至放弃这种商品的生产。从而使某些生产资料和劳动力从这个生产部门退出，导致这个生产部门的缩小和产品的减少（比如人们改行从事其他经营，部分人继续生产苹果树苗），这说明价值规律调节生产资料和劳动力在各个生产部门的分配。

春节过后，全国有数千万人到东南沿海一些经济较发达的地区去打工，人们形象地称之为“孔雀东南飞”。为了配合国家正在实施的西部大开发战略，一些东部企业利用自身在资金、技术、管理上的优势到西部投资办厂，开发当地资源，人们又称之为“孔雀西北飞”。不管“孔雀”飞到哪里，实际上，都是价值规律在调节生产资料和劳动力在各部门、各地区的分配。

价值规律促使生产者改进技术、改善管理，提高生产率

例证一：

哈尔滨制药三厂和六厂是两个濒临倒闭的企业。这两个企业深化内部改革，聘请大学教授和制药专家为他们研制新药，淘汰一批旧的生产工艺，研制出“三精葡萄糖酸钙”、“朴雪口服液”“补锌口服液”等药品，占领国内药品市场，不仅使企业起死回生，而且成立的哈药集团是全国制药行业的重点企业集团。

例证二：

武汉汉阳造纸厂是国有老厂，亏损严重。山东晨鸣集团兼并汉阳造纸厂后将其更名为“武汉晨鸣”。山东晨鸣移入先进的管理方式，并对武汉晨鸣进行技术改造，1999 年，武汉晨鸣实现利

税2.1亿元，居全国同行业第二位，1998年至2007年，共完成纸品产量250.16万吨，工业总产值100.75亿元，创利税22.93亿元，利润14.38亿元，成为武汉市十大利税大户之一。企业总资产由合资之初的4.08亿元增加到现在的19.71亿元以上。企业先后荣获湖北省管理示范企业、武汉市管理样板企业、全国质量效益型先进企业等多种荣誉称号。人们称之为“武汉晨鸣”现象。

从以上两个事例看出，根据价值规律的要求，商品是按照社会必要劳动时间所决定的价值量进行交换的。因此，某个商品生产者（比如武汉晨鸣）如果率先改进生产技术，经营管理先进，劳动生产率比较高，生产商品的个别劳动时间就低于社会必要劳动时间，在交换中就会获利较多。反之，那些劳动生产率较低，个别劳动耗费较高的生产者（比如以前的汉阳造纸厂），就只能获得较少的收入，甚至不能弥补自己的劳动耗费。这说明：价值规律促进商品生产者改进技术，改善经营管理，提高劳动生产率。

价值规律促使商品生产者在竞争中优胜劣汰

例证一：

青岛啤酒集团耗资约4亿元收购了全国各地的8家啤酒厂，其中最为著名的有两起：斥资1.5亿元收购上海嘉士伯75%股权、以2250万美元的价格收购美国亚洲战略投资公司在“五星”

62.46%的股权和在“三环”54%的股权。至此，青岛啤酒集团通过并购使自己的生产能力达到180万吨，约占全国啤酒市场的8%，成为全国市场上的“啤老大”。早在1994年青岛啤酒集团就开始了自己的收购计划，1994年收购扬州啤酒厂以后，6年共投入4亿元，先后兼并了西安、平度、鸡西、马鞍山、上海、广东等地的26家啤酒企业。

例证二：

国家出台了限制塑料袋使用的条令之后，很多生产塑料袋的企业都面临着严峻的考验，位于辽宁省营口市芦屯镇兴达塑料公司负责人说：“工厂已20多天没有接到订单，只能停产。”在营口还有上千家类似的企业，仅在芦屯镇就达到500多家。此前这里是中国四大塑料袋生产地区之一，每年加工塑料制品约20万吨。当地官员表示，为落实“限塑令”，督促帮助企业生产符合国家规定的塑料袋，必须提高生产企业的产业准入门槛。目前，营口市很多塑料袋生产企业正在进行QS认证，只有少数几家企业通过了审核、验收。而上规模的企业只要对机器设备进行适当调整，就可以生产符合新标准要求的塑料购物袋，不存在关闭或转型等问题。而营口市宝源塑料包装公司办公室工作人员说，“限塑令”对企业压力很大，对企业产品质量和规模提出了新要求，但企业升级后有能力生产合乎国家规定的产品。这是一家从1997年就开始生产塑料袋的上规模企业。

青啤有较好的生产条件，生产的商品个别劳动时间低于社会必要劳动时间，因而获利较多，能够不断扩大生产，在竞争中处于更加有利的地位。而其他的啤酒生产企业由于生产条件差、经营管理水平低，在竞争中遭到失败。同样，在国家为了保护环境出台“限塑令”的时候，条件好的企业就可以很快地适应，而条件差的只能在竞争中被淘汰。这都说明了价值规律促使商品生产者在竞争中优胜劣汰。

价值规律的弊端：对经济活动的调节具有自发性、盲目性

“华西”牛奶为什么倒进了下水道

案例来源：《是牛奶过剩，还是企业制度短缺》，《经济日报》2002年4月25日；《倒奶：激战前的预警》，《经济学消息报》2002年6月21日。

2002年3月4日，四川省最大的乳品企业四川华西乳业有限公司突然做出惊人之举，把库存的2吨鲜奶“哗哗”倒进了下水道。3月5日，《成都商报》赫然登出一条醒目新闻：华西乳业把收购不久的牛奶倒入下水道，这种情况已经连续1周……

这一事件也使人们联想起了那些接二连三的相关报道。如海南的牛奶收购价一降再降，1斤牛奶的价钱还不如1瓶矿泉水，

最要命的是奶站还拒收，求卖无门的奶农只好忍痛倒掉牛奶，有的干脆将奶牛宰杀；广西一家从事奶牛饲养、加工和销售的民营企业，每逢销售淡季，就不得不把卖不出去的鲜奶白白倒掉，1年就倒掉100吨；继而是兰州市近郊28位奶农因买方单方面中断购销契约，无奈而愤怒地将鲜奶倾倒在该公司厂房门前。南京也发生过牛奶大战，奶站减少收购量，南京多处发生奶农每天忍痛将白花花的牛奶倾倒入鱼塘的倒奶事件。这些倒奶事件引起了社会舆论的极大震动，痛心者有之，斥责者有之，呼吁者有之。有人联想起在小学课本中看到的描写资本家把牛奶倒进大海的故事，惊呼我国出现了生产相对过剩的经济危机！也有人提出疑问："鲜牛奶在我们这个刚刚脱离温饱不算太久的国家里，被接二连三地倒掉，当真中国人就是牛奶多的喝不完了？"

其实，偶然的倒奶事件其实是与许多必然的规律联系在一起的。倒奶事件不是全社会性的生产过剩的表现，而是市场经济背景下经常存在的比例失调的表现，确切地讲，是价值规律决定的供求关系自发作用的结果。

价值规律是商品经济的基本规律，它除了具有配置物质资源、促进社会生产力的发展、进行利益分配的作用外，还具有盲目性、自发性和能造成极大的社会资源浪费等缺陷。即一方面，在市场经济自组织调整的条件下，社会生产是处于无政府的状态，社会生产和需求经常处于局部脱节的状态，出现或供大于求或供不应求的问题。另一方面，价值规律对经济的调节作用不是自觉的，而是自发的，是事后的，而不是事前的，从而难以避免人、财、物的巨大浪费。如果这些情况是全社会性的，就是全社会性的经济危机。

我国倒奶事件恰是价值规律这一负面效应作用的结果，即在价值规律的自发性和盲目性的作用下，造成了牛奶生产与消费的脱节。一方面，我国的奶类需求不是很大，这与我国消费者的传统习惯有关。尽管我国喝奶的人数比改革开放前多得多，但是，我国的大多数人还没有形成喝奶的习惯，牛奶在居民膳食中的份额仍是微乎其微。据调查，我国城镇居民家庭每人用于奶品的支出为42元，仅占食品支出的2%，有许多人与牛奶绝缘。这就使得我国缺少一个稳定的奶品需求市场。但是，另一方面，我国国内的奶牛生产和乳制品加工能力的增长速度大于消费增长速度，再加之国际奶类普遍过剩，世界乳品巨头也都纷纷进入中国市场来转移他们过剩的生产能力，这样，奶类产品的生产过剩在我国就不可避免了。虽然“华西倒奶”事件与现代企业制度不健全、国有经济体制的弊端有关，但是，究其深层次的原因是这一市场经济条件下价值规律的自发性和盲目性导致的局部供求失调。

在我们了解了规律的作用后再来看彩电行业的几家欢喜几家愁，你是不是也能够用经济学家们的思维进行解释了呢？

伴随着我国彩电业由供不应求到价格跳水，彩电价格围绕价值不断作出调整，当价格高于价值时，企业赚得盆满钵满，当价格低于价值时，企业亏损倒闭。在赚钱的时候，彩电生产线迅速增加，这正是价值规律在调动生产资料和劳动力流向彩电生产行业，反之亏损时亦然如是。与此同时，“长虹”不断改进技术，改善经营，提高了企业的劳动生产率，使得自己生产彩电的必要劳动时间低于社会必要劳动时间，也就是低于价值，因而在等价交换的过程中赚取了利润，巩固了发展。

7　高额烟税由谁负担——供求规律的应用

据报道，从2009年5月1日开始，国家提高了烟草产品的消费税。根据新规定，税率调整后，高档香烟的消费税税率，由原来的45%调整到了56%，而低档香烟由30%调整至36%，雪

吸烟有害健康

茄烟由25%调整至36%。与此同时，国家还调整了香烟档次的划分标准。将原来50元的分界线上浮至70元，即每标准条（200支）调拨价格在70元以上的卷烟为高档卷烟，低于此价格的为低档卷烟。

众所周知，由于吸食卷烟有害健康，而且种植烟草会占用极其有限的土地资源，因此，国家向来对烟草行业征收重税，借以增加财政收入和减少烟草消费。一般来说，烟草税是对生产者征收的，表面上看来，高额烟草消费税是由烟草公司或卷烟厂负担的。那么，实际情况是不是这样呢？

这首先要考虑税负转嫁程度。

税负转嫁

税负转嫁描述了这样一种现象，政府向A征税，A按规定交了，然而A交税的那笔钱却全部或部分来自于B，相当于A把这笔税转移到了B身上。通常纳税人通过商品价格的变动或其他手段，将全部或部分税收负担转移给他人。税负转嫁并不影响税收的总体负担，对政府来说，税收还是那么多，但会使税收负担在不同的纳税人之间进行分配，对不同的纳税人产生不同的经济影响。因此，政府在制定税收政策时必须考虑税负转嫁的效果。

如果政府对一盒香烟多征收1元钱的消费税，该项税收是对生产商征收的。作为明智的企业，几乎所有的烟草公司都不希望自己掏这笔钱，于是他们想转嫁这笔税，那么转嫁给谁呢？消费者通常都会成为他们的首选，如果这样，他们只用把香烟的价格调高即可，操作起来非常容易。他们当然想把价格提高1元，让消费者承担所有的税，但是他们很郁闷地发现，由于价格的上升，香烟的销量却下降了，最后，他们不得不选择一个最适当的加价水平，使得他们的销量尽可能地多，同时还得使自己承担的税尽可能地少。

价格弹性

对于制定公共政策来说，了解供求规律是非常重要的。经济学家常常运用供求法则来预测税收的经济后果。在一般情况下，商品价格的提高将导致需求量的减少，而价格的下降将导致需求量的增加，这就是经济学中的需求定理。需求定理只是描述了价格变动与需求量变动在方向上的关系，并没有解释价格变动到底会导致需求量产生多大程度的变动。为此，经济学中引入了需求的价格弹性这个概念。所谓需求的价格弹性，是指价格提高一定幅度所引起的需求量减少的程度。例如，当某种商品的价格提高1%时，如果其需求量减少了2%，我们就说这种商品的需求价格弹性是2。当需求量对价格的变化不敏感时，即价格弹性较小时，我们说它的需求缺乏弹性；当对价格变化很敏感时，即价格弹性较大时，我们说它的需求富有弹性。

税负转嫁程度的决定

显然，香烟的需求缺乏弹性。这是由于，多数香烟消费者都吸食上瘾，他们往往对香烟有较强的依赖性，并不会因为香烟价格的上涨而显著减少其消费量。这样，当政府对香烟征收较高的消费税时，烟草公司能够用提价的方法把大部分税收负担转嫁给消费者。消费税尽管是对生产者和经销商征收的，实际上却是由香烟消费者负担。这种情况不是由于生产者的强大，而只是由于消费者对商品具有较强的依赖性，使其在市场上处于被动地位，从而承担了更多的价格上涨成本而已。当然，香烟的销量多少还是会受点影响，需求会随着价格的提高而有所减少，生产者顾忌这一点，提价幅度不会等于每个产品应承担的税收，于是，生产者也承担了一部分税收负担。

对于需求非常有弹性的商品，征收消费税将导致不同的效果。以巧克力商品为例：由于巧克力并非生活必需品，而且人们也不会对其消费成瘾。现在政府决定对巧克力征税，税款由生产者缴纳。如果生产者试图通过提高价格来转嫁税收负担，结果将导致巧克力的需求量大幅度减少，从而使得生产者的销售收入锐减。预料到这种结果，生产者必定不能像烟草公司那样通过涨价将大部分税收负担转嫁给消费者。因此，对巧克力商品征税，大部分税收负担是由生产者负担的，只有小部分可以通过价格上浮转嫁给消费者。正是由于这个原因，1990 年，美国国会通过对游艇、私人飞机、珠宝、皮革、豪华轿车这类奢侈品征收新的奢侈品税的议案。结果，引起了行业工会和工人的反对，1993 年国会迫于压力取消了奢侈品税。对于需求富有弹性的商品，如巧克力、游艇、私人飞机、珠宝、豪华轿车等来说，到底有多少税收负担会转嫁给消费者，主要取决于这些商品的需求价格弹性，其弹性越大，消费者承担的税收负担越少。

与香烟类似的例子还有海洛因等毒品。人们都知道，吸食毒品对个人、家庭和社会都会产生严重危害。但是，由于吸毒很容易成瘾，毒品需求极其缺乏弹性。毒品价格的上升只会刺激更多的不法商人生产它，即使供给增加，也不会减少需求，并且，由此造成吸毒者经济压力加大，有可能引发更多的抢劫、盗窃等犯罪活动。因此，对待毒品问题，不能依靠常规的市场价格机制来解决。

从经济学的角度看，对毒品征收高额税收，既不能减少需求，又不能减少供给，对禁毒没有丝毫作用。因此，目前也没有哪个政府用这种方法来禁毒。禁毒的正确方法不是利用价格机制，而是把毒品交易作为一种犯罪来严厉打击。同时，广泛宣传毒品的危害性，让人们远离毒品。

8 “靓女先嫁”还是“丑女先嫁”——国企改革

在股份制改革中，是先嫁“靓女”还是先嫁“丑女”，一直是人们关注的热门话题。

有一种观点认为，选择效益高、基础好的国有企业进行股份制改造，无异于将支撑国有经济的肥肉拱手让给市场，留下的“丑女”成为“父母”（即国家）沉重的负担。还有的同志进一步分析了靓女出嫁后的结局——不生孩子，即效益好的国有企业实行股份制改革，并没有带来新的效益，甚至今不如昔，掉膘消瘦，效益滑坡，转盈为亏了，认为靓女先嫁了，丑女自然不会甘心老死在娘家，便会凭借发达的包装术来滥竽充数，披上美丽的外装，加入靓女行列出嫁，更不会生孩子。①

① 胡培兆：《股份制试行的陷阱》《经济理论与经济管理》1999 年第 3 期。

我们认为，这种观点有失偏颇，这里需要明确三个问题：

第一，“嫁”是坏事还是好事？假定说，“嫁”是坏事，“嫁”等同于把良家女子推入火坑，那么无论是“靓女”还是“丑女”都不该“嫁”，先“嫁”是先坠入火坑，“晚嫁”只不过晚一些坠入火坑而已。然而，“嫁”并非坏事。科斯告诉我们明确产权可以提高效率。传统的国有企业低效率的根源在于产权不明晰，与其扬汤止沸不如釜底抽薪，解决了产权问题，国有企业才能够从根本上摆脱低效率的困境。这也是国企改革的初衷。而产权明晰的最好形式莫过于股份制，这种企业组织形式不仅可以明确产权，使所有者（即股东）清楚地按股权享用企业的权利和利益，承担企业的责任和义务；还能通过股权的相对集中（总存在大股东）减少制定企业决策的麻烦，因为股东越多，权利越分散，达成一致过程中的障碍也越大，至少作出决策的时间会更多；更能通过增发新股无限扩张，更好地集资，实现规模经济。著名经济学家厉以宁也曾说过，到目前为止，人类还未发明比股份制更好的资产运作方式。① 如果死死拴住女儿不嫁，有可能使其成为“老处女”，甚至于憋死在娘家。

第二，如果嫁是好事，那么该不该先嫁“靓女”？把“丑女”先嫁出去，自然是一种美好愿望，但事实上愿意娶“靓女”

① 厉以宁：《经济漫谈录》，北京大学出版社 1998 年版，第 69 页。

者多于愿意娶“丑女”者，谁也不愿意把资金投在预期亏损企业里，何况没有连续三年盈利，连嫁的资格都没有。只有先“嫁”“靓女”才能鼓舞人们的投资信心，促进股份制这一新生事物健康向前发展。

第三，靓女嫁出以后到底有没有生孩子？这有一个比较的方法问题。有的人举例说，华东某一国有大型钢铁公司效益一直不错，属靓女者，1993 年改制为国家控股股份公司，1994 年净资产收益率7%，每股收益 11.61 分，随后大滑，净资产收益率均不到1%，每股收益大大低于同期银行存款利率，1995 年每股只有0.67 分，1996 年1.26 分，100 股收益1.26 元，大致相当于同年一年期存款的1/8。这种纵向比较是缺乏说服力的。企业效益滑坡，原因是多方面的，既有体制转换、包袱过重方面的问题，也有市场状况变化、技改落后方面的因素，把板子仅仅打在股份制身上显然不合情理。事实上，股份制企业与非股份制企业相比，在资产负债率、平均盈利率等方面，都具有相当大的优势。

因此搞股份制没有错，挑选效益好的企业进行股份制改造，符合市场运作规律。国家的任务就是防止“丑女”包装上市，确保“优胜劣汰”机制在证券市场上畅通无阻。

股份制的优点

从理性上分析，与其他组织形式相比，股份制具有特殊的优越性，主要表现在以下几个方面：

首先，股份制有利于加快资本的积累能力和集中速度，最大限度地扩大生产规模，从而提高资本的运作效率。马克思曾经指出："假如必须等到积累去使某些单个资本增长到能够修建铁路的程度，那么恐怕到今天世界上还没有铁路。但是集中通过股份公司转瞬之间就把这件事完成了。"[①] 由于股份制的诞生，生产规模以惊人的速度扩大。投资主体的多元化，突破了个别资本的局限性，使投资额巨大的建设项目变为活生生的现实，整个世界经济向集团化、社会化跨进了一大步。

其次，股份制有利于所有权与经营权的分离，促进了资本经营者队伍的形成。股份制建立了股东会、董事会、监事会三权分立的法人治理结构，股东作为股票所有者，通过参加股东大会行使决策权，股东大会是最高权力机构，股东会选举产生董事会，董事会替股东大会负责，董事会聘任经理人员，具体负责公司的资产运营。这样，就使资本所有者和经营资本的专家实现有效的

① 《马克思恩格斯全集》第25卷，第493～494页。

结合，使资本的运作掌握在善于管理的经营者手中，从而大大提高了社会资本的利用效率。

最后，股份制有利于资源配置的优化，促进生产要素的合理流动，使节约社会资源成为企业的自觉行为。股份制企业的生死存亡取决于市场竞争力，而竞争力的高低是由企业的盈利水平所决定的。股份制企业为了提高经济效益，千方百计降低生产成本，从而避免了社会资源的浪费。同时，资金流向效益好的股份制企业，也使生产要素在全社会范围内达到合理配置。

国企股份制改革的好处

国有大型企业进行股份制改造有利于公有制的实现。国有大型企业改组为股份制企业除了具有前述的三个方面的优越性以外，对国有经济也是十分有益的。

第一，股份制改单有利于加强和完善国有企业的自我约束、自我激励机制，增强企业活力。国有大型企业改组为股份制企业，使企业真正成为自主经营、自负盈亏的法人实体，并在法律和国家政策规范下，在股东和社会公众的监督下，直接进入市场，在生产竞争中谋求生存和发展。国有企业实行股份制后，股东的收益与公司的经营业绩息息相关，直接受市场经济规律支配，因而公司必须按照市场经济规律的要求进行活动，加强自我约束，追求资产扩张能力，并使经济效益不断提高。

第二，股份制改革有利于扩大国有资产的支配范围，进一步增强国有经济的控制力。据统计，上海市250家现代企业制度试点企业，占全市国有资产总量的80%。在平均100元资产中，59元是国有资本，41元是包括海外资本在内的社会资本。这就是说，国家以59%的资本调动支配了41%的社会资本。合肥美菱集团公司1992年进行股份制改造，1993年股票上市。5年后，美菱产值由1992年的5亿元增长到1996年的25.24亿元，实现利税增长2.5倍，总资产增值24.7亿元，市场占有率达14%，成为在国内外有一定影响的大型国有企业。美菱集团的国家股为13862万股，占总股本的33%，美菱集团公司用3亿多国有资本支配了23亿元的资产，从而壮大了国有经济的实力，取得了"四两拨千斤"的效应。①

第三，股份制改革有利于打破条块分割，提高国有企业的国际竞争力。在传统的高度集中的管理体制下，企业之间条块分割、部门林立，重复建设和投资，严重束缚了生产力的发展，造成了资源的极大浪费。金陵石化、扬子石化、仪征化纤和南京石化集团四家企业，虽然同处于江苏南京沿长江几十平方千米的范围内，并且制造的产品具有互补性，但由于这些企业隶属于不同

① 王军旗、王文利：《科学认识股份制》，《前进》1998年第2期。

的部门和地区，难以实现分工协作和资本联合，各自形成自己的独立王国。这种现象，不仅严重浪费了资源，而且已经成为制约经济发展的严重障碍。市场经济的发展，要求冲破部门界线。通过股份制这种资产组织形式，四家企业很快组建了产业集团公司，使企业的经营成本大幅度下降，规模经济效益越来越明显。可以说，股份制是我国企业集团发展的基本出路。只有通过股份制组建企业集团，才能实现生产要素跨行业、跨部门、跨地区、跨所有制的流动和重组，才能冲破条块分割，实现政企分开，彻底转换企业集团的经营机制。

当然，与其他事物的发展一样，股份制也不是完美无缺的。事实上，股份制也有它的局限性和缺陷：一是它的适应领域有限，只适用于部分行业、部分企业，而不是适用于所有行业和企业；二是“投票控制权”一旦形成并被一个投资主体掌握，易使民主决定机制受到限制；三是股票流通会引发投机行为，导致内幕交易、操纵股市等犯罪现象的出现；四是在特定的条件下有可能形成“泡沫经济”，比如由于市场上的流动资金过剩，造成股票价格虚高，形成经济繁荣的假象。只要政府在运作过程中加强制度建设和市场监管，就能达到趋利避害的目的。

9 “天下没有免费的午餐”——选择中的经济学

经济学家乐于研究人们的行为，虽然我们总是在谈论经济，比如中国经济、世界经济，听起来宏观意味颇浓，以至于初来乍到的经济学爱好者可能会对此感到无所适从。然而，经济并不是经济学家们凭空捏造出来的世界，无论是一个省的经济、一个国家的经济，还是整个世界的经济，所不同的只有范围的大小差异，组成经济世界的元素是一样的。正如曼昆所说，经济只不过是一个在生活中相互交易的一群人而已。这参与交易的人的一切行为，包括是否交易、交易什么、与谁交易、如何交易等等无不与一种行为有关，那就是选择。我们每天都在与选择打交道，它总是时时刻刻匍匐于我们周遭，不经意间闯入我们的视线。

为什么我们需要选择？

如果可能，我们总是愿意拥有更多的东西，当我们站在百货商场的试衣镜前，一手拿一件全色衬衣，另一手拿一件格子衬衣，发现无论是全色还是格子都与自己如此地契合，然而，每一件衬衣的要价都不便宜，这时我们该怎么办呢？有人站出来说，两件都要。是啊，如果两件都买下来岂不是最令人愉快的事吗？但是大家不要忘了，在做这个决定的背后隐含了一个重要的限制，那就是我们的钱包必须足够的饱满。如果我们是有钱人，这当然就不再是问题了，区区两件衬衣还不到让人费心思做选择的地步。可是现实恰恰在于，并不是我们每个人都是有钱人，面对昂贵的名牌衬衣，很多人都会犹豫不决。

现在我们考虑凡是学生都必须进行的选择，那就是如何配置宝贵的时间资源。你们可以把所有的时间都用于学习英语，也可以把所有的时间用于学习数学，语文也可以。当然，这种选择在大家看来恐怕过于极端，更多的同学会选择三门功课都学习，这当然没有问题，可是如果时间有限呢？也许只有一个月、一周、一天甚至一个小时的时间，紧接着就要参加高考，这个时候你们又怎么安排呢？如果是一个小时的话显然不够把三门课的书都看一遍，因此你们必须进行选择，来决定看哪一门课的书，同时放弃看另两门课的书。

这两个例子说明了什么？钱对穷人来说更加稀缺，时间对临近考试的考生来说也是稀缺。现在我们明白了是什么原因造成了人们不得不做出选择，那就是资源的稀缺性，这也是为什么经济学家老把资源的稀缺性挂在嘴边的原因。我们把这整本书读完，或者我们再读其他的经济学著作，我们都可以发现，资源稀缺性充斥了经济学或经济学思想的每个角落。

怎样选择？

当我们的钱只够买一件衬衣的时候，选择全色衬衣，我们就不够钱买格子衬衣了，相反如果选了格子衬衣，就不可能再拥有全色衬衣。同样，用在读书上的时间我们也不可能再用来睡觉、看电视、做运动或者郊游。当人们做二中选一或多中选一的抉择时，意味着为了得到一件非常令人向往的东西，往往不得不放弃其他一些也许也不错，但可能相比较而言没有第一选择重要的东西。其实每件都不错，抛开钱包的限制，谁不希望每个都拥有呢？然而现实要求我们必须放弃其中的一些，正所谓“天下没有免费的午餐”，这就是选择的困难所在。

正因为选择如此困难，才有了对如何选择的思考。怎样进行选择才能给自己带来最大的好处，这是每个理性的人自然而然会在心里盘算的事。权衡利弊，取舍得当，得到最多，失去最少，这些就是选择的原则。

用经济学的语言来说就是要权衡选择的成本。听起来可能有点难理解，什么叫选择的成本？我们一般说的成本很容易理解，就是做一件事情所耗费的东西。而选择的成本却与一般意义上的成本不太一样。它是人们为了选择这一结果而放弃的另一结果的价值。经济学给予这种成本一个特有的名词——机会成本。

机会成本

机会成本是最基本的经济学原理之一，实质是人们对可供选择的行动方案进行成本与收益的比较，但恰恰很多经济系学生都没有弄懂它。经常发生的情况是，某种选择的成本并不像乍看时那么明显，因此机会成本的确定非常容易出错。

举几个例子来看看什么是机会成本，首先考虑我们选择上大学的成本怎样确定。大家肯定会把未来将用于学费、书籍、住宿和伙食的费用全部加总起来算作成本，但是经济学家不这么看，因为这个成本并不能真正代表上大学所放弃的价值。即便不上大学，大家一样需要吃饭、睡觉，这部分花销并不是因为上大学而存在。除非当大学里的住宿和伙食费用比其他地方贵时，贵的这一部分费用才构成上大学的成本。然而大学里的住宿费和伙食费用通常都低于市场价格，与独自生活时所支付的房租和食物费用相比更为便宜，这部分节省的费用实际上成为上大学收益的一部分，其他的收益应该还包括丰富学识、获得认可（文凭）以及未来更多更好的工作机会等。

以上的成本也仅仅是一部分，还有一部分更重要的成本很多人都会忽视，就是上大学的时间成本。当我们花费几年的时间用于修大学课程、学习、写论文、参加社团时，我们同时失去了在这些年工作的机会，因此我们不得不放弃原本应该在这几年赚取的工资。而这可能是上大学的最大成本。前后两个成本相加就是我们所说的机会成本。

爱好篮球的同学可能知道，在美国，一些 NBA 新秀上完高中就直接参加职业联赛，成为 NBA 联盟球员，最有代表性的应该就是洛杉矶湖人队的科比·布莱恩了。那么大家是否可以用经济学的思维解释一下他选择不上大学的原因呢？

我们都知道对运动员来说，身体素质非常重要，某种意义上说这是一个吃青春饭的行业。对于运动员来说年轻时期的时间成本异常地昂贵。科比球技高超，几乎一加入 NBA 联盟就成为炙手可热的明星球员，在 NBA，一名普通球员的年薪达到几百万美元一点也不稀奇。如果他选择上大学，即便是最昂贵的私立大学，四年加起来的学费大概是 16 万美元，而像他那样资质颇高的篮球运动员，即使是新人球员，年薪至少也在上百万美元。所以说，如果他选择上大学，那么机会成本是非常高的，事实证明科比新秀时期三年的年薪为350万美元，第四年超过了1000万美元，所以上大学的机会成本大约为1400万美元。

相反他选择打球的机会成本相对却低廉很多，首先上大学期间基本而言他不会有太多收入，更多的收益来自于未来更好的工作机会，在做选择的当下，这个收益只是预期性的。当然他还必须花一笔学费，这就使得上大学的预期收益更减少了一些，那么他放弃上大学的机会成本也就是这个更少一些的预期收益值。预期收益就与更好的工作机会相联系，工作越好，预期收益越多，然而所谓的更好的工作机会显然不太可能比进入NBA的机会好。如果他错失了这次进入NBA的大好机会，未来无法成为职业球员的话，作为一名普通的上班族年薪不会超过10万美元。可见，科比选择去NBA发展是多么的理智。

对于广大普通人来说，上大学的选择或许更为理智。在中国，普通公立大学四年学费大概需要2万元，这笔钱存在银行四年后也不会增加太多，毕竟现在的利率不是太高；高中毕业立即参加工作的普通打工族，年收入很可能不会超过2.5万元，四年加起来就是10万元。于是上大学的机会成本总共不会超过12万元。相反，如果他选择高中毕业就工作，相当于他放弃了大学毕业后将近40年的更好的工作和更高的收入同时也省下了学费，这也就是不上大学的机会成本。如果大学毕业后，年薪达到5

万，不用几年就可以赚到12万元。显然，不上大学的机会成本远高于上大学的机会成本，也就是说上大学的收益远高于不上大学的机会成本。所以对普通人来说，选择机会成本较小的上大学不失为一种更加理性的选择。

机会成本概念最早是从生产领域中走出来的概念，表示生产一种产品占用资源而不能生产另一种产品的价值。但是后来被应用到更广泛的消费、投资等领域。当被引入消费领域后，用于消费的钱就被当做资源来看待；同样，当被引入投资领域后，投资资金便被当做资源来看待。因为都有选择一种而不能选择其他的无奈，才有了“机会成本”概念的扩展和延伸。当然在这一章，我们着重考虑的是消费决策上的“机会成本”。

消费者决策并不一致

假如小王平白无故地赢得了一张著名歌星周杰伦的演唱会门票。可是在演唱会当晚，还将有一场芭蕾舞剧上演，是著名的俄罗斯芭蕾舞团的演出，无论是表演还是舞台布景都是一流水准，小王也很想去看。芭蕾舞剧的演出票价为300元，当然，当晚的这场表演并不是唯一的一场，小王的心理承受价位是400元，之所以对俄罗斯芭蕾舞团的期待这么高是因为小王本身就是学跳舞出身，对芭蕾舞表演情有独钟。当然，400元的心理承受价位也意味着如果票价大于400元，小王就情愿不看了，哪怕没有其他文化娱乐活动可供选择。前提是，看周杰伦的演唱会去与不去门票都不能转售；无论看那场演出都没有其他成本；小王必须在两种活动中选择一个，即除了这两个地方他哪也去不了。那么，小王去看周杰伦演唱会的机会成本会是多少呢？

我们来分析一下，如果当天小王去看周杰伦演唱会，那么势必不能去看芭蕾舞剧，因为时间冲突。而不去看芭蕾舞剧，小王会错失对他来说价值400元的表演，但同时，他也节省了买芭蕾舞剧门票所需支付的300元。那么为了看周杰伦演唱会所放弃的价值是多少呢？应该是400 - 300 = 100元。也就是说只要小王认为看周杰伦的演唱会至少值100元的话，他就应该去看；否则，他就会去看芭蕾舞剧。

同样的情况被小李碰见了，依然有一张免费的周杰伦演唱会门票，同一时间依然有一场俄罗斯芭蕾舞团的芭蕾舞剧演出，芭蕾舞剧门票同样为300元，然而，小李没有受过舞蹈训练，他更喜欢听歌曲，更中意流行音乐而非古典音乐，于是他心里可承受的芭蕾舞剧门票价格为200元，如果他去听周杰伦演唱会，那么所放弃的价值就是200 - 300 = -100，机会成本为负，那么只要周杰伦演唱会对他来说并不是一种很大的折磨，也就是如果小李认为周杰伦演唱会至少不会令他讨厌到恨不得付出100元作为不用听的代价的地步，他就会选择听演唱会；如果还可以由第三种选择的话，只要他不喜欢周杰伦的歌，哪怕只有那么一点点不能忍受，他就会老老实实待在家里哪也不去。当然，一般而言免费听一场演唱会总是件不错的事。

当我们做选择的时候也就是我们做决策的时候，事实上，选择也就是一种决策，而通过上面的例子我们看出不同的人面对相同的可供决策的事情，其机会成本却大不一样，导致最终的决策结果也不一样。

举个更通俗易懂的例子，假如课余逛街时我们看见了一件款式还算漂亮的衣服，同时还发现了一本有趣的书，衣服要价 100 元，书要价 50 元，可是我们口袋里只有 100 元零用钱，很显然，我们无法同时购买到衣服和书，接下来你们会如何选择呢？可能有的同学会说“那我选衣服”；还可能有同学说“我更喜欢书，所以我要买一本书，这样还能省下 50 元钱”；或许还有的同学会说“我两样都不喜欢，我留着 100 元钱准备以后买其他喜欢的东西”。这三种不同的答案告诉我们什么？

首先，决策并不总是统一的，并不是每件事都可以找到最优的统一标准，所谓众口难调，上面的例子里不同的同学面临的衣服和书的选择是不同的，产生了三种甚至更多的决策结果。要对如此纷乱复杂的决策行为进行研究，还要找出建立在这些决策行为基础上的规律，进而对经济世界予以解释确实不是一件容易的事。但是经济学家们告诉我们：人们的消费行为不是杂乱无章的，它也有规律可循，并不复杂。而这个规律就是消费者偏好。

消费者偏好

消费者偏好是指消费者对于所购买或消费的商品和劳务的爱好胜过其他商品或劳务，是消费者根据自己的需要，对可能消费的商品进行的排列。不同的人在相同收入、相同价格条件下会购买不同的商品组合，这是因为他们的偏好各不相同。我们可以将消费者偏好理解成一种主观的感觉或评价，也就是一个人的喜好，就像听演唱会和看芭蕾舞剧的例子里，小李喜欢流行音乐，而小王喜欢欣赏舞蹈一样。消费者行为理论对消费者偏好有三个基本假定：

第一，假定消费者的偏好是完全的。也就是说，消费者总有能力判断、比较任何一对商品组合。比如，现在摆放在我们面前有两个篮子 A 和 B，每个篮子里有着不同的食品，A 是由 3 个苹果和 5 个鸡蛋组成，B 是由 4 个鸡蛋和 4 个苹果组成。消费者应该能够判断：或者 A 组合比 B 组合好，或者 B 组合比 A 组合好，或者 A 组合与 B 组合同样好。不同的消费者依据自己的喜好会有不同的选择，但无论选择的结果如何，每个人都能作出判断。

第二，假定消费者的偏好是可传递的。可传递性是指如果消费者认为A组合比B组合好，B组合又比C组合好，则他一定认为A组合比C组合好。

第三，假定所有的商品都是“好的”（值得拥有的）。这隐含了一个原则，即多多益善，也就是说在其他状况都一样的条件下，某商品越多，消费者就越满意。当然，还有一些商品是“坏的”，如空气污染，则显然不值得拥有。由于经济学研究的主要是稀缺商品，即“好的”东西，所以“多多益善”的假定便是合理的，因此这一假定在经济学分析中常常采用。

这些假设看上去都很容易理解，然而对于学习经济学来说是非常重要且有用的，因为这些假设的意义在于消费者可以比较不同的商品组合，经济学家依据这样的假设才能够对消费者的行为进行分析和描述，从而保证了看似乱七八糟的消费者行为有迹可循。

消费偏好的形成来源

消费偏好的形成有很多原因，这尤其受到营销学的重视。有的学者把消费偏好的形成归结为这么几类。首先可能来源于消费者所特有的消费价值观。消费价值观是消费者对消费的产品的整体评价或价值取向。消费者所处的文化环境和文化传统对其有着根深蒂固的制约与影响，这在消费者对商品的使用价值、社会价值和文化价值的评价上会予以体现，同时也反映着消费行为的一些基本特点。不同的国家、民族和地区的消费者由于所处的文化背景不一样，导致了他们价值评估和取向的差异性，形成了不同的消费行为特征。

消费偏好还会由消费审美取向所决定。消费审美取向是指人们对消费对象的欣赏和情趣的感受，它是文化环境与人的心理交互作用的衍生物。文化的民族性和国度性在消费者的审美取向上都有深刻的反映，这造成消费者的求美消费行为具有文化的选择性。许多研究发现，同种文化中的消费者的审美标准和审美情趣具有高度的趋同特征，相应的消费需求导致了一些同质市场的出现。

民族性格倾向也会决定消费偏好的形成。长期生活在一种文化中的人们，其性格塑造往往会打上相似的文化烙印。文化对人的性格的制约，一是规范人们基本生活态度和基本观点；二是调控人们行为的基本倾向。最能反映文化对性格形成作用的、在大多数民族成员身上都体现出来的典型特征，构成了民族性格。不同的文化形成不同的民族性格，不同的民族性格造成了消费行为倾向的差别。比如西方人热情奔放，而东方人含蓄内敛；西方女孩喜欢表现得很辣，而东方女孩更追求温婉可爱；西方人相比东方人不太注重外在场面……于是我们发现无论在吃、穿、住或行上，东方与西方都会有很大的差异。

民风民俗导致消费偏好和消费禁忌。由于自然环境、物质生活条件、经济发展水平和历史的作用，不同的国家和民族都有自己独特的、习惯化的生活方式，在生活的各个方面都形成了一些有别于其他国家和民族的传统风俗习惯，这些民风民俗等文化因素对消费者的心理和行为影响颇大。比如在我国南方更多人愿意以大米作为主要的粮食，而在北方，显然面食才是主要的粮食。

各民族成员对自己民族的风俗习惯都十分尊崇，它明显地反映在衣食住行等各种消费活动中，以市场需求的方式形成了不同的消费导向，民族文化对某些方面的禁止导致了消费禁忌的形成。

节日也是人类文化中非常典型的象征，这对人们的生活具有重要的象征意义，能激发起人们的情感，并有一套习惯化、程式化的消费模式。比如，我国南方过年习惯吃汤圆，而北方过年习惯吃饺子。

10 驳学习无用论——人力资本

近些年来，社会上出现了一种新的声音——学习无用论，一些人认为学习无用，干脆不学，不如玩个痛快。他们看到一些大学生毕业找不到工作，找到工作的人里月工资千八块钱的大有人在，于是更加坚定了这种论调。

首先想问同学们一个问题，学习很辛苦对吗？作为学生，每天必须上整整一天的课，放学后还有作业要做，你们日均学习时间甚至超过 8 个小时，比大人们工作的时间还长哪！那么不如我们换一个问题：你们想工作吗？我猜你们大多数人都会点头，作为过来人，我太了解你们的心思了，工作就等于长大，意味着不再有没完没了的考试，意味着跟作业说拜拜，还意味着你们可以自己赚钱自己当家做主，不用再被爸爸妈妈管教……有这么多的好处，为什么你们还学习呢？你们一定会说，因为我们还没有成年，孩子都是要上学的，不上学就没有知识文化，就不会有人愿意雇我们工作……没错，这就是社会现实。关注社会性思考的经济学家们也考虑上学这件事情，不过他们看问题的角度不太一样。

在经济学家的眼里，我们每一个人都被抽象为生产的投入要素，也就是劳动力，于是，你跟我以及所有其他人一样，都自觉不自觉地成为人类生产进步和社会发展的推动力。意义之大是不是有点出人意表?《天下无贼》里的葛优会问：“21 世纪什么最贵?”答案是“人才”。这跟经济学家的想法是一致的，他们中的很多人专门对此做了研究。1979 年诺贝尔经济学奖获得者舒尔茨就是其中一位。

舒尔茨的人力资本理论

舒尔茨早年主要研究美国的农业经济问题，随着研究的深入，他逐渐将研究范围扩展到经济发展领域，而其理论核心就是“人力资本”概念，他用这个概念有效地解释了“经济发展的动力是什么”这一困扰发展经济学家多年甚至至今仍争论不休的核心问题，拓展和发展了传统的经济发展理论，也成为“人力资本理论”的奠基者和创始人之一。

作为学生，很多人更看重学习成绩如何，考取的学校是不是名牌；也有的同学可能会觉得读书不一定有用，比尔·盖茨不是大学也没毕业嘛，但他可是世界首富呢。为什么会存在这种分歧？舒尔茨从人力资本概念上回答了这个问题。他认为人力资本表现为人的知识、技能、资历、经验和熟练程度等，简单概括表现为人的能力和素质。人的能力和素质是通过人力投资而获得的，因此人力资本又可理解成是对人力的投资而形成的资本，从货币形态看，它表现为提高人力的各项开支，比如保健支出、学校教育支出等。既然人力是一种资本，无论是个人还是社会对其的投资必然会有收益。因此，当我们再来分析“读书无用论”时，我们会发现分歧的关键在于读书可以提高人力资本但是却不是人力资本提高的唯一途径。然而，我们不得不承认，目前为止还没有任何一种其他途径对人力资本的提高和积累能比教育这种方式更迅速有效。人力资本是收入提高最主要的源泉，而人力资本的大小，也可以表现在人力所有者即劳动者的收入上。于是很多经济学家对教育与收入的关系进行研究，几乎无一例外地肯定教育对提高人力资本的重要作用。所以同学们，读书很重要，它是在帮助你们积累自己的人力资本，是在对自己进行长期投资。

诺贝尔经济学奖获得者舒尔茨

舒尔茨通过对社会现实的考察还揭示出，人力资本作为资本的一种形式与实物资本相比往往能够获得更高的投资收益率，这暗示了如果我们把100元钱用于投资在一节有用的课程上，而不是存在银行，长远来看，我们可能会获得更大的好处。所以我们看到众多的白领们争先恐后地利用个人时间进行“充电”，同学们，当代社会，学习早已不再是学生的专利了。古话说得好，学无止境。

我们已经多次说过经济学家的社会责任，就是关注整个国民经济的利益，人力资本论也有着同样的使命。站在政府的角度，经济发展无疑是一项非常重要的政策目标，传统的经济发展理论在研究发展动力时只考虑了有形的物质资本，忽视了人力资本的重要作用。从这个意义上说，“人力资本”概念一定程度上为政府制定适应经济发展需要的相关的人口政策提供了依据。为什么这么说？让我们看看人口理论的历史就能明白了。

马尔萨斯的人口理论

在西方经济学界，最早正式开展人口研究的莫过于英国经济学家马尔萨斯（1766～1834）。他所生活的年代比舒尔茨整整早了一个半世纪，这位土地贵族家庭出身的神学硕士，在其年轻时代就遇上了产业革命，机器的广泛应用，造成小生产者大批破产，被机器大工业所排挤的大批小手工业者和因农业资本主义化而失去土地的广大农民，沦为雇佣劳动者。加上欧洲连年不断的战争和饥荒，导致食物价格一再上涨，失业工人的增多使工资趋于下降，社会矛盾异常尖锐。

1789 年，法国大革命爆发，雅各宾派专政表现出劳动人民的强大能量。这对英国产生了巨大震动，大大促进了英国人民的斗争热情。于是，当时西欧出现了一股改革社会的激进思潮。英国的葛德文（1756～1836）在 1793 年出版的《政治正义论》产生的影响最为广泛。在这本书中，葛德文论证了消灭私有制的必要性，指出私有制是一切灾难的主要根源。1794 年，法国的康多塞（1743～1794）也出版了《人类理性发展的历史观察概论》一书，该书提倡财产平等，反对私有财产制度和政府组织，主张进行理性的社会变革。这些观点对英国统治阶级构成巨大的威胁，迫切需要一种新的理论与之抗衡，时势造就了马尔萨斯。

英国人口学家马尔萨斯

据历史资料记载，马尔萨斯的父亲是卢梭的朋友，对法国大革命极为赞赏，经常在餐桌上向自己的儿子宣传葛德文和康多塞的激进思想。在炉边谈话中，马尔萨斯不同意父亲的观点，想方设法驳倒老马尔萨斯。辩论告一段落，马尔萨斯把自己的观点记录下来，准备寄给朋友。在撰写的过程中，他觉得自己的论据意想不到的充分，于是决定印成小册子，匿名发表。这就是1798年初版的《论人口原理和它对于社会将来的影响，附关于葛德文、康多塞及其作者的臆测之评论》。由于这本小册子道出了英国统治者的心里话，因而一发表轰动了整个英国。为了修订这本小册子，马尔萨斯从1799年起到北欧、法国和瑞士等地调查，广泛收集材料，于1803年以真名发表了第二版，并把书名改为《论人口原理或人口在人类幸福之过去及现在影响的见解，附预测关于解除或减少由人口原理所生祸害的研究》。第二版和第一版相比，不仅篇幅大大增加，由过去的5万字增加到20万字，而且内容和着眼点也有所区别。第一版着眼于社会“将来”的改善问题，第二版则集中力量于“过去”和“现在”的研究，内容上则强调了所谓“道德抑制”的作用。但万变不离其宗，其基本观点和结论是一样的。

一是级数理论。马尔萨斯的人口理论是从下述两个假定条件出发的：“第一，食物为人类生存所必需。第二，两性间的性欲是必然的，且几乎保持现状。”在马尔萨斯看来，这两个假定无可辩驳，是一个已知量，并且使人口的增减受自然法则支配。人口在无所妨碍时，以几何比率增加，而生活资料只以算术比率增加。为了进一步说明这个观点，马尔萨斯用数字作比方："随便假定世界有多少人口，比方假定有10亿罢，人类将以1、2、4、8、16、32、64、128、256、512那样的增加率增加；生活资料却将以1、2、3、4、5、6、7、8、9、10那样的增加率增加。"① 马尔萨斯把这两个不同的增长率结合起来，对人类社会未来的人口与生活资料的不平衡比例进行了预测。他认为，在两个世纪以内，人口对生活资料的比率将会是256∶9，在3个世纪内，4096∶13，两千年后，生产物虽极大增加，这一差额将无法计算。

二是平衡理论。马尔萨斯从两个前提出发，提出人口增殖与土地生产力之间必须保持平衡。他从两个方面阐述了这一思想：一是人口随着粮食的增加而增加，他说："在其他条件不变的场合，我们断言，一国所生产的人类食物量多少，可以决定该国的人口多寡，食物分配的宽啬。产谷国的人口比牧畜国的人口更多。产米国的人口比产谷国的人更多。" 接着他又援引亚当·斯密的话说："设马铃薯成了普通人所爱的植物性食物，被耕作的土地又不较今日种谷的土地为少，英格兰必能维持更多得多的人口；结果，不要多久的时间，人口就会更多得多。"② 二是人口的增加必然受到食物的限制。"饥馑似乎是最后而又最可怕的天然

① 马尔萨斯：《人口论》，商务印书馆1959年版第8页。
② 马尔萨斯：《人口论》，商务印书馆1959年版，第42～43页。

手段。”他说：“人口增加力，既如此超越土地生产人类生活资料的力量，人类自不免在某形态下发生夭亡的事情。人类的罪恶，又是使人口减少的有利的积极的机关。那是破坏大队中的前卫，屡屡单自遂行这可怕的作业，设若在这扑灭人口的战役中，它败了，就有疾病季、流行病、黑死病，以可怕的军容冲前来，扫除几千人。设仍不能完全成功，遂有巨大而无可避免的饥馑，为其后卫，以一有力的打击，使世界的人口与食物平衡。”①

三是抑制理论。马尔萨斯认为，人口数量和所需生活资料数量之间存在着巨大的差额，为了弥补这一差额，必须把人口数量减少到食物可供养的限度之内。限制人口增长的因素包括两大类：一是预防的抑制；二是积极的抑制。按照马尔萨斯的解释，“预防的抑制是人所特有的，它是指理性约束人们无力养育子女时不早婚或不结婚；积极抑制包括由罪恶与苦难而产生的会缩短人的寿命的各种原因，如各种不卫生的职业，剧烈的劳动，严寒酷暑的煎迫，极度的贫困，对儿童恶劣的保育，大城市的拥挤，各种过度行为，普通疾病和传染病，战争、瘟疫和饥荒等等。这两种抑制会互为消长地变动。在自然环境有害于健康或死亡率很高的那些国家里，预防的抑制不会占优势。相反，自然环境合乎

① 宋承先主编：《西方经济学名著提要》，江西人民出版社 1989 年版，第 119 页。

卫生，预防抑制又盛行的国家里，积极的抑制不占优势”。① 这就是说，随着人类文明的发展，抑制会由积极抑制向预防性抑制转化，由罪恶和苦难向道德抑制转化。因此，马尔萨斯一改第一版认为只有增加人口的死亡率才能抑制人口增长的看法，主张通过降低人口出生率如晚婚、晚育、少生、优生等来控制人口增长。

四是权威理论。马尔萨斯在其人口理论中，强调了政府的权威作用，他认为：“尽管自然法则无疑是使人口增长必然受到经常而巨大的抑制的原因，然而，人类和社会制度也负有非常巨大的责任。”“首先，人类和社会制度肯定要对目前地球上人口稀少负责。”“其次，人类对抑制的性质和起作用的方式上却有着巨大的、十分广泛的影响。”在抑制人口增长上，“政府和人类（社会）制度并不是在消除人口所必然受到的抑制方面可以发挥巨大作用，而是在对这些抑制加以引导，尽量减少给社会道德和幸福造成的损害方面发挥巨大作用”。

马尔萨斯的人口理论，不仅对以后西方人口理论的研究产生了重要的影响，而且对当今世界许多国家人口政策的制定起到了巨大的启示作用，他提出的道德抑制的主张甚至直接被一些国家当作本国的基本国策。但是，像《人口论》那样遭受过如此多的非议十分罕见。据说，葛德文把它称为“令人恐怖的恶魔，常使

① 马尔萨斯：《人口论》，商务印书馆 1959 年版，第 178 ~ 179 页。

人类希望破灭的黑暗”。英国研究马尔萨斯的经济学家博纳在其《马尔萨斯及其业绩》一书中写到：“亚当·斯密留下了万人赞赏而无人阅读的著作，马尔萨斯留下了无人阅读而万人痛骂的著作。”他用残酷的说法来表达资本的残酷的观点，并且断言在一切社会形式下都有过剩人口这一事实[①]，马尔萨斯本人也认为从道德上限制这种生殖的本能，是对付人口过剩的最容易和最有效的办法。[②]

从马尔萨斯开始，在西方经济学界，逐步形成了一门以研究人口运动过程中人口与经济相互联系及其变化的客观规律为对象的新学科——人口经济学。与后继者舒尔茨的理论相比，马尔萨斯显得更加悲观。或者说马尔萨斯主要看到的是人对资源财富的消耗，而舒尔茨却看到了人的第二重特性，即生产性。人既可以参加生产，创造财富，也可以消耗资源，减少财富。消耗财富当然就是指我们吃饭、穿衣等一切生存活动对资源直接和间接的耗用；而创造财富指的是人可以参与生产，增加财富。因此，人毫无疑问地成为经济社会的核心。在舒尔茨的眼前，人类的未来是光明的，决定人类前途的不是空间、土地、自然资源等实物资源，而是人的技能、知识以及处理各种复杂事物的能力。

① 《马克思恩格斯全集》，第26卷第4册，第7页。
② 《与官员谈西方经济学》，广西人民出版社1998年版，第6页。

马寅初的新人口理论

我国著名人口学家马寅初，是建国后第一个指出我国人口增长太快的学者，他把人口的数量和质量联系起来考察，说明控制人口数量和提高人口质量是相互联系、相互促进的，明确提出要“提高知识水平”，“提高人口质量”。他认为，在一穷二白的中国，资金少，人口多，把人民组织起来，利用它作为一种资源，还是有好处的。但人多也是一个极大的负担，保全这个大资源、去掉这个大负担的方法是提高人口的质量，控制人口的数量。20世纪80年代初，我国计划生育制度正是在这样的背景下实行的。

控制人口数量和马尔萨斯的人口理论一致，而人口质量恰恰符合舒尔茨对人力资本的解释，马寅初提出的控制人口数量，提高人口质量的建议与前两个经济学家不谋而合。现在我们是不是能够更加深入地理解我国计划生育政策的初衷了呢？

马寅初

长期来看，生产力的发展不能依靠人口数量的增长，而应该依靠人口质量的提升。人口数量增长策略必将带来高消耗、低产出，而人口质量增长策略却能带来低消耗、高产出。经济发展只有依靠后者才是恒久有效的。

无论从我们每个人自己的利益出发，还是像经济学家那样以天下为己任地思考，学习无用论都过于偏颇，同学们，抓住宝贵的学习机会实现自我的增值，是一件对自己对社会都多么有意义的事啊。

11 民生之本——就业与失业

史业是北京某著名高校2009届金融专业的应届优秀毕业生。往年招聘单位都纷纷来校抢着要人，今年却寥寥无几。2008年金融危机使就业形式更加严峻。为了能够找到满意的工作，史业和同学们提前半年开始着手求职，每天奔波于人才市场和各大公司之间。他们参加招聘会，上网查看招聘信息，先后投出几十份甚至上百份简历。毕业时，一些同学找到了专业对口、收入和前景都不错的工作；一部分同学报考了公务员；有些人决定留在校园、继续升学；还有一部分同学在本专业领域或其他领域凭借着名校的优势获得了一份过渡性工作；剩下史业和为数不多的几个同学仍然还在为工作四处奔波。史业纳闷：平时不如我的人都找到了工作，而我为什么就一直找不到一份称心如意的工作呢？更令他不解的是就连15岁的表弟暑假时也在外面找到了一份兼职。史业心想："难道我连一个中学生都不如吗？他都能就业我还处于失业当中，为什么找份理想的工作就这么难呢？干脆我继续读研究生，大概学历高了找份好工作也会容易些。”

事实上，仔细观察一下周围我们不难发现，像史业这样一毕业就失业的现象广泛存在，并深刻影响着社会、经济的各个方面。在我国城镇登记失业人员中，35 岁以下的青年人比例为 70%。20 世纪 80 年代出生的接受高等教育的青年，以每年 600 万至 700 万的规模进入就业市场。根据各级学校招生人数的统计预测，2008 年以后，高中以上学历的劳动力开始成为劳动力市场的主体。到 2011 年，大学毕业生数量将达到峰值，约 758 万人，未来相当长的时间内大学生就业压力不会减弱。

近几十年，我国经济一直快速增长。产业结构升级速度加快，带动了对高素质人才的强劲需求。但由于毕业生供给的增长速度超过经济增速，市场消化超量供给的人才需要时间。

那么，什么是就业呢？所谓就业，可以理解为在法定劳动年龄范围内有劳动能力和劳动意愿的劳动者，从事各类劳动并获取合法劳动报酬的活动。《中华人民共和国劳动法》规定：我国的劳动年龄是男职工 16 ~ 60 岁，女干部 16 ~ 55 岁；女工人为 16 ~ 50 岁。为了对女职工和未成年工进行特殊保护还规定：“未成年工是指年满 16 周岁未满 18 周岁的劳动者。”从以上的定义我们可以发现，史业的表弟未满 16 周岁，即使从事某些取得少许收入的临时劳动，仍然不属于就业。

那么是不是通过政府和社会各界的努力就能够实现人人都有工作呢？在经济学家看来，这只是个美丽的梦而已。失业，这一伴随着18世纪工业革命的到来而滋生的社会问题，是任何人都无法完全解决的。“失业”和“就业”就如同孪生兄弟，在我们的日常生活中常常出现。那么什么是失业呢？按《现代经济学词典》的解释，失业是所有那些未曾受雇，以及正在调往新工作岗位或未能按当时通行的实际工资率找到工作的人。

失业类型

失业的类型很多，按时间划分，失业一般分为长期失业和短期失业。长期失业是指失业周期在6个月以上的。与之相对的，失业周期小于6个月的属于短期失业。大学生史业刚刚毕业不久，因此他还是短期失业，如果再过6个月他仍没有找到工作，那么他将加入长期失业的大军。通常，各国政府更关注长期失业，制定国内政策时往往会将这一因素考虑进去。

更多时候，经济学家习惯于按照失业的原因对其进行划分，分为以下6种：

自愿失业，顾名思义，是指在劳动力市场上因个人原因拒绝接受雇主按现行的工资或者稍低的工资所安排的就业岗位，或者不满意现有工作，辞职寻找新工作所造成的失业。史业在寻找工作的过程中，非常注重工作待遇和优越的工作条件，所以一直也没有找到合适的工作。最后他下定决心放弃找工作，继续读书深造。不能不说他的失业，有很多自愿的因素在里面，是自愿失业的一种。

摩擦性失业，经济中由于正常的劳动力流动而引起的失业，这种失业的存在是正常的。我们现有经济的运行是个动态的过程，各行、各业、各个地区间的劳动力需求是不断变动的，劳动力流动过程中总有部分人处于失业状态，这就形成了摩擦性失业。一般而言，新加入劳动力队伍正在寻找工作而造成的失业，也属于摩擦性失业的范围。如史业和他的同学们毕业不能及时找到用人单位。此外，就业信息的不通畅，例如无法及时得到用人信息、和雇主无法取得联系都可能会造成摩擦性失业。

季节性失业，有些行业，如农业、旅游业、建筑业、渔业、林业受气候的影响很大，一般在冬季需要停工停产，这些行业的就业人员在停产期间就会面临失业。还有一些企业制造节日性产品，如制造烟花、圣诞礼品等，节日前期间他们会雇佣大量的劳动力抓紧时间生产，节日一过就会辞退大部分员工。

技术性失业，是指由于技术进步所引起的失业。在经济增长过程中，科技的进步使生产由人力密集型向资本密集型转变，企业使用先进的设备、工艺、原材料和管理方法。这样，对劳动力需求的相对缩小就会使失业增加。属于这种失业的工人大都是文化技术水平低、不能适应现代技术要求的工人。

结构性失业，是指由于劳动力市场结构的特点，劳动力的流动不能适应劳动力需求变动而引起的失业。当经济结构的变动，例如有些部门发展迅速，而有些部门正在收缩；有些地区正在开发，而有些地区已经衰落时，如果有些劳动力不能及时调整或转移工作岗位，难适应经济结构的这种变动，就会出现失业。如产品下马，工人下岗；矿产资源枯竭，矿厂倒闭，矿工失业。在这种情况下，还有些新兴的产业和高科技行业没有充足的劳动力能够胜任，就是我们常说的“有人没活干，有活没人干”并存的现象。

周期性失业，又称需求不足的失业。经济的发展是按照“增长——衰退——增长”的规律周期性波动，并非直线上升。经济繁荣的时期，生产和消费都很旺盛，企业全面开工甚至扩产，需要大量劳动力，工作就好找；经济衰退和萎靡时，企业倒闭，工作就难找，许多人还会失业。由这种经济周期性萎缩所产生的失业，我们称之为“周期性失业”。史业和他的同学们正好赶上这次世界范围内的周期性失业，所以即使是著名的学校，优秀的毕业生也很难找到称心如意的工作。

这种周期性失业的存在，正是我们通常所关注的失业。我们在很多地方看到的“充分就业”，仅仅是一个相对概念，就是指消灭了周期性失业的就业状态，而并非人人有工作。实现了充分就业的失业率称为“自然失业率”。基于这个经济学概念，很多国家在制定政策时，都会根据自己的实际情况规定一个失业率作为目标，来控制和调节该国家的整体失业状况。

异彩纷呈的就业理论

就业是民生之本，是人们改善生活条件的基本前提和途径，正因为如此重要，它不仅受到各国政府的普遍关注，更是宏观经济学一个热门的研究专题，各学派经济学家提出了五花八门的就业理论。

萨伊定律是传统西方就业理论的基石，该学派经济学家代表人物有马歇尔、庇古等，其基本内涵就是供给会自动创造需求。他们认为在一个充分竞争不受任何阻碍的市场即完全竞争市场里面，不存在大规模的失业，市场上的产品价格以及货币工资都是可以根据市场供求状况自发调整的。也就是说，如果经济中出现了较多的失业，就会引起货币工资下降，资本家就会多雇工人。在货币工资下降到零以前，雇主就会把工人全部吸收到企业中来。这样，失业就可依靠市场的自我调节作用得到解决。不会产生大规模的、经常性的失业，只会产生局部失业。他们反对政府干预市场，并且天真地认为，长期持续的“非自然失业”不可能存在，存在的只是“自愿失业”和“短期性摩擦性失业”。

可是，为什么古典就业理论的美好愿望没有出现呢？我们知道生产出来的东西不会自动销售出去，会出现生产过剩的危机，这就限制了企业家不可能无限量地扩大生产，招聘员工。市场也不可能达到所谓的完全竞争，还有一个非常重要的原因是现如今工会、合同与政府最低工资的法规限制了工资的波动。同时，企业老板们不喜欢降低工资和企业的“效率工资”有关。所谓“效率工资”是指即使在经济不景气、衰退甚至经济危机爆发时，企业宁愿裁掉一部分员工，也不愿降低员工的工资，主要是害怕会使优秀员工失去工作积极性甚至跳槽。另一方面，可以降低工资成本，使留在公司的员工受失业压力的影响感恩戴德地提高工作效率。

1929～1933 年的世界经济危机给西方各国带来了空前规模的失业，传统经济学家颂扬的通过市场均衡自动实现就业的神话被彻底打破。持续的经济萧条和 4000 多万工人的长期失业使所谓的“凯恩斯革命”应运而生。1936 年，英国经济学家凯恩斯最重要和最有影响的代表作《就业、利息和货币通论》出版。在这部著作中，凯恩斯把就业作为其核心概念，以实现经济的充分就业作为其研究的目的，从全新的角度探讨了经济运行的问题。他认为，除了有“自愿性失业”和“摩擦性失业”之外，还存在着“非自愿性失业”；失业之所以持续不断，是由于整体经济存在“有效需求不足”。“有效需求”即人们有能力并且愿意购买的需求。

1929～1933 年，西方资本主义世界爆发了延续时间最长、波及范围最广、打击最为沉重的一次经济危机

凯恩斯认为，现代资本主义社会中，在国民收入增加时，由于“边际消费倾向递减”，即挣的钱越多，用于消费的比例越少，导致储蓄增加，收入和消费之间的差距扩大，从而发生“消费需求”不足即购买力不足的情况。这时需要增加投资以弥补差距，抵消储蓄。但是企业家由于人们对产品需求增速缓慢，对投资前景缺乏信心，不敢拿出或借贷大量的资金进行投资，储蓄不能全部转化为投资，从而使“投资需求”即投资支出不足。“消费需求”和“投资需求”的不足共同促使就业量在未达到充分就业之前就停止增加，甚至下降，形成大量失业。当经济繁荣到一定

阶段，投资的诱惑力就会减弱，企业家对投资的未来收益缺乏信心，引起“资本边际效率”，即每投入一个单位的资本所获取的利润突然崩溃时，经济危机就爆发了，失业者数量急剧增加。在经济萧条期间，投资者不敢投资，就业岗位就缺乏，人们就挣不到钱，人们挣不到钱就不敢消费。此时，大家把口袋捂得更紧了，于是产生了所谓的“灵活偏好规律”，即在萧条期间，人们愿意持有更多的货币，以防不测，这进一步促进了就业形式的恶化。

由此，我们会惊奇地发现传统提倡的“节俭”对一个国家来说在有时候也非正确之选。例如，对于个人和家庭而言，处处节俭、精打细算、多多储蓄的确是致富之道。然而，如果整个社会都“节俭”而不消费，失业和经济萧条就会成为不可避免的结果。

为此，凯恩斯主张加强国家对经济的干预，用增加公共支出、降低利率、刺激投资和消费的政策，提高有效需求，实现充分就业。政府公共工程支出与购买的增加有利于刺激私人投资，转移支付如社会保险福利津贴、抚恤金、养老金、失业补助、救济金及各种补助费的增加可以增加个人消费，这样就会刺激总需求；减少个人所得税主要是降低税率可以使个人可支配收入增加，从而消费增加；减少公司所得税可以使公司收入增加，从而投资增加，这样也会刺激总需求。在货币政策方面，则采取降低利息率来刺激企业投资和个人消费。这也是我国政府面对全球经济衰退时出台4万亿财政计划，实施宽松的货币政策和积极的财政政策的原因。

在第二次世界大战后的一段时间里，凯恩斯理论对西方资本主义国家的经济发展起到了一定的推动作用，同时也为更加严重的危机提供了条件。20世纪70年代，西方各国普遍出现高通货膨胀、高失业率和低经济增长并存的“滞胀”局面。在此背景下，货币学派和供给学派则对就业问题提出新的理论和主张。

诺贝尔经济学奖得主、美国著名经济学家米尔顿·弗里德曼是货币学派代表人物。

他认为，凯恩斯式的财政赤字、人为扩大需求的政策，只会阻碍经济恢复到一个供求平衡的状态。宏观经济政策可以在短期内把失业率降低，但是，伴随而来的货币收入增加和物价水平上升将使人们对货币的需求量增大和预期物价会升高，不久失业率将回到原来的水平，带来的仅仅是通货膨胀率的上升。为此，货币主义竭力主张以“单一规则”的货币政策：即货币供应增长率同实际国民生产总值增长率相适应，通货膨胀就会得

美国著名经济学家米尔顿·弗里德曼

到抑制，经济稳定就可实现。在货币主义者看来，宏观经济政策的首要目标应该是维持物价的稳定，其余的事听任市场的“内在稳定的力量”去解决。只要发挥市场竞争因素的积极作用，提供市场信息，增加劳动力的流动性等，就有可能把“自然失业率”降低；反之，如果阻碍市场竞争，市场信息不充分，劳动力流动受到阻碍，那么，自然失业率便有可能上升。

他们采取的具体措施有：改进劳动市场的工作，消除各种人为障碍和限制，提高工人的流动性；加强失业人员培训；建立效率更高的职业介绍所，为失业者及时地获得工作、空位信息创造条件等等。

几乎与货币学派同时期，供给学派也提出其理论和政策主张。在美国出现的供给学派的主要代表人物有阿瑟·拉弗、罗伯特·蒙德尔、马丁·弗尔德斯坦等人。他们以“萨伊定律”作为反对凯恩斯理论的武器，认为生产过剩不是由于“有效需求”不足，而是由于政府对经济生活过度干预导致市场机制失灵引起的。他们认为，生产率增长缓慢，高失业率问题的主要症结是供给不足，而增加供给最重要的手段就是减税。如果选择税率的最佳点，减税不仅能够增加储蓄、刺激投资增长，还可以增加政府收入。

值得注意的是，供给学派主张的减税政策与凯恩斯的完全不同，一是强调削减高收入阶层而不是低收入阶层的税率。他们认为只有这部分人的收入增加了，才会增加储蓄和投资。二是提倡每增加一单位的收入所缴纳的税额应该递减，认为这样可以产生替代效应，增加人们休息和娱乐的成本，提高工作积极性，使人们愿意多工作、多储蓄、多投资。

后凯恩斯主义学派是众多理论学派之一，它继承了凯恩斯的理论，其中多个学者获得诺贝尔经济学奖，所以至今在主要发达国家乃至在全球市场经济国家中有着广泛的影响。这一学派的形成可以追溯到20世纪40年代后期。其主要代表人物有阿尔文·汉森、保罗·A. 萨缪尔森、詹姆斯·托宾、罗伯特·M. 索洛等人。

新古典综合派从多个角度来解释低经济增长率、高通货膨胀率、高失业率并存的原因：

一是某些部门产品供给异常。例如，由于西半球原油供给不足，导致价格飞涨，从而推动通货膨胀。原油价格过高，致使运输业和以原油为加工原材料的行业运营成本增加，同时汽油价格的上涨也使消费者对汽车等以汽油为燃料的产品需求下降，最后导致与原油相关的行业生产收缩，从而减少就业。

二是福利开支的负效应。政府给失业人员及低收入家庭提供补贴等福利开支，使其基本生活得到保障的同时也使经济萧条时期的物价居高不下。失业者因为有了基本的生活保障并不急于找工作，因而失业水平很难有效降低。

三是结构性失业。随着科技的进步和新旧行业的更替，一些被传统行业淘汰出来的人因技能上的差异不能被新行业雇佣而成为失业人员；而另一些新型行业需要人员，但却很少有人能胜任，这就造成“失业”与“空位”并存的结构性失业。在这种情况下，“失业”部门对货币工资的减少较缓慢，“空位”部门对工资的增加则较快速，这必然使社会工资成本较高，从而通货膨胀率较高。

新古典综合派针对滞胀问题提出了充分就业政策、财税政策、货币政策、收入政策、人力政策等多方面的政策主张。例如，大力促进经济增长，大力刺激总需求；政府指导收入政策，即政府要采取措施限制工资和物价的上涨，以缓和通胀；注重完善劳动力市场，培训失业者，提供就业信息服务、帮助工人迁移、为低技能失业工人提供就业机会，缓和因劳工市场技术结构变化造成的失业；适当修改完善失业补助金制度，激励失业者就业等。

此外，还有人力资本理论。它主张提高劳动力的素质，劳动力市场政策从以保障失业者的生活为目标转向充分开发利用劳动力资源为目标，用人力投资即人力政策来解决失业与职位空缺的矛盾。

近年来，发展经济学的就业理论受到了各国学者的普遍关注。其代表人物刘易斯、费景汉、拉尼斯等，主要探讨了二元经济结构发展模式下的就业问题。他们认为工业部门和农业部门的平衡发展是解决就业问题的关键所在。在发展中国家由于城市和农村生活条件和工资标准的差异，大量农村劳动力涌向城市，为城市就业雪上加霜。针对这个现状发展经济学认为首先要加快农村经济建设，减少城市就业压力；其次，要完善劳动力市场，加大对劳动力的培养力度；再次，要调整产业结构，促进各产业间的平衡发展，特别是针对发展中国家非熟练劳动力资源丰富、工资低廉的特点制定技术政策。

在最近的20多年里，各种新的理论、学说纷纷出现，流派林立、观点迭出，如隐性合同理论、内部人——外部人理论等等。他们都反映出一个明显的特征，就是就业理论的重心正日益从宏观向微观下移，并越来越侧重于劳动力供给方面。

就目前中国的现状来说，我国人口众多，经济呈现二元经济结构特征，加之受世界经济衰退的影响，失业率持续上升。为此，各级政府采取了大力发展第三产业、加快农村经济发展、合理调整产业结构、完善劳动力市场、加强劳动力培训、鼓励个人创业、出台相关法规保障劳动者权益增加就业率、加大福利开支、实行宽松的财政政策和积极的货币政策等措施。然而，就业的问题不是一朝一夕就能解决的，要提高就业率需要个人、国家和市场的共同努力，相信像史业一样的失业者只要端正就业观、就业得法，通过自身努力很快都能踏上成功就业的道路。

12 CPI的涨落——通货膨胀与通货紧缩

物价指数常被经济学家用来衡量通货膨胀或通货紧缩问题，它表明某些商品的价格从一个时期到下一个时期的变动程度的指数，都是两个时期价格的比率，CPI（消费者物价指数）就是最常使用的一种物价指数，另外，生产者物价指数和GDP平减指数也是两种比较常见的物价指数，这三种物价指数都可以作为通货膨胀的衡量标准，但是由于CPI与人民生活水平的关系最密切，因此，一般用它来衡量通货膨胀。

要详细地把CPI和通货膨胀或通货紧缩的关系展现出来是比较麻烦的一件事，这里我们或许可以通过一个并不是很贴切的小实验来形象地说明。我们假设有一个容器，姑且认为是个木桶吧，木桶里有一定量的水，水面漂浮着一个浮标，不过这个木桶的底部有一个圆洞，为了使桶里的水不至于减小，还有一根水管向桶里注水，当流入的水与流出的水速度相等时，浮标所在的水平位置不变。当流入的水快于流出的水时，浮标越升越高，反之下降。

在上述这个实验里，通货就好比水，浮标所在的水平位置就好比 CPI，水管注水相当于新增加的通货，漏出的水相当于通货减少，而整个木桶原先的储水量就好比整个国民经济所需的通货量，而这正是一个时期内总供给和总需求平衡时的通货量。我们知道中央银行总在不断地印新的货币，就好比水管注水，为了维持正常的经济秩序，避免通货膨胀或通货紧缩，中央银行必须合理增发货币，假设经济总量没有变化，只有当水管注水速度与流出相一致时，浮标才能维持在同一水平。如果货币增发过多，则通货膨胀发生，这时浮标上升，相当于 CPI 上升；货币增发过少，则通货紧缩发生，这时浮标下降，相当于 CPI 下降。

在我们对 CPI 和通货膨胀及通货紧缩的关系有了直观的理解后，让我们更进一步来看看经济学家究竟是怎么定义这些经济术语的。

什么是 CPI？

CPI 是消费者物价指数的简称，是反映与居民生活有关的商品及劳务价格统计出来的物价变动指数，通常作为观察通货膨胀的重要指标。CPI主要反映消费者支付商品和劳务的价格变化情况，也是一种度量通货膨胀水平的工具，以百分比变化为表达形式。CPI的计算公式是：

$$CPI=\frac{\text{一组固定商品按当期价格计算的价值}}{\text{一组固定商品按基期价格计算的价值}}\times 100\%$$

CPI是一个滞后性的数据，它是按照已有的价格计算出来的，但它往往和就业率、GDP一起作为市场经济活动与政府货币政策制定的重要参考指标。经济学家普遍认为CPI稳定对一国的经济更有好处。

CPI告诉人们的是，对于普通家庭的支出来说，购买具有代表性的一组商品，在现在要比过去的消费量是多还是少，例如若1995年一个普通家庭每个月购买一组商品的费用为800元，而2000年每月购买同样一组商品的费用为1000元，那么按照公式可以得出2000年的消费物价指数（以1995年为基期）是125%，上涨25%。

什么是通货膨胀？

普遍的观点认为通货膨胀就是物价水平普遍而持续的上涨。也就是说，几乎所有商品的价格都上涨，并且这种上涨的持续时间是比较长的。

通货膨胀的分类按不同的标准可以分为不同的类型，首先，按照通货膨胀的严重程度可将其分为四类：

一是温和的通货膨胀，这类通货膨胀的通货膨胀率比较低而且比较稳定。

二是加速的通货膨胀，指通货膨胀率比较高（一般在两位数以上），而且还在加速发展。

三是超速的通货膨胀，指通货膨胀率非常高（三位数以上），且完全失去了控制。

四是受抑制的通货膨胀，指经济中存在着通货膨胀的压力，但是由于政府实施了严格的价格管制与配给制，通货膨胀并没有发生。

另外，如果按照引起通货膨胀的原因来分，通货膨胀大致有以下四种：

（1）需求拉动的通货膨胀。这是总需求过度增长所引起的通货膨胀。也是说，总需求超过了总供给以至物价水平的普遍而持续的上涨，形成了通货膨胀。用更通俗的方式来表述就是人们想买东西，可是生产出来的产品赶不上人们消费的增加，产品供不应求。举个例子，比如在农村，农民耕种土地，生产粮食供大众消费，在劳动力不再增加的情况下，随着人口的继续增加（这部分新增人口不是劳动力），整个国民经济对食物的需求也随之增加，但是耕地的利用已经非常充分，农业劳动力也无法增加，技术短时期内更加难有提高，于是产量不能相应增加。结果供不应求，造成粮食价格的上涨。但是事实上，在未实现充分就业时仍然会发生通货膨胀。这是因为总供给的增长不能满足总需求增长的速度，便产生了暂时的价格上涨，造成了通货膨胀。

(2) 成本推进的通货膨胀。这种情况是由于生产者在生产过程中面临着生产要素价格的上涨，成本上涨意味着利润的减少，因此，他们会力图提高产品的价格，将生产要素的上涨部分转嫁给消费者承担，于是引起物价的上涨，进而形成通货膨胀。

(3) 供求混合推动的通货膨胀。许多学者认为，通货膨胀的原因不能只从需求或只从供给方面来考虑，他们认为多数的通货膨胀是两者交织在一起的结果。他们认为，一方面，通货膨胀可能是从一般的过度需求开始的。过度需求的出现会使物价提高，而物价提高又会转而使工资提高，工资的提高就会使成本提高，从而引起物价的更大提高，形成通货膨胀。另一方面，通货膨胀也可能是从成本提高开始的，即成本增加引起物价上升。

(4) 结构性通货膨胀。指的是当不存在需求拉动和成本推进的情况下，总需求与总供给相等时，由于经济结构方面的因素变动，引起的一般物价水平的持续上涨。具体地说，就是在总供求关系基本平衡的情况下，由个别关键的商品的供求比例失调引起的通货膨胀。

以上四种是大多数西方经济学家关于通货膨胀原因的统一理

解，但是经济学家弗里德曼认为上述的各种通货膨胀的原因造成的物价上涨的现象只是暂时的，并不足以造成普遍而持续的通货膨胀现象，他认为通货膨胀的根本原因是货币的过多发行。但是更多的经济学家还是认为，货币发行太多仅仅是表面原因，也就是说，以上 4 种通货膨胀的深层次原因尽管各不相同，但最终却表现为一致的表面原因，那就是货币供给不当。

通货膨胀的坏处

经济学家总是说要防止通货膨胀，这是为什么呢？因为通货膨胀对经济发展得负面影响很大。具体归结到对各种利益关系的影响，这种影响主要体现在以下三个方面：

一是在债务人与债权人之间，通货膨胀将有利于债务人而不利于债权人。所以同学们，当通货膨胀出现后，还是不要把钱存银行的好，为什么？举个例子，假如你存了 100 元进银行，当时苹果的价格是 1 千克 10 元，100 元可以买 10 千克苹果。通货膨胀发生后，苹果涨到 1 千克 20 元，这时，你存在银行的 100 元钱算上利息可能是 110 元，也只能买到 5.5 千克苹果。你作为债权人显然蒙受了损失，而银行作为借你钱的债务人却无形中减少了债务，获得了好处。这是因为借贷的债务契约都是根据签约时的通货膨胀率来确定名义利息率，所以当发生了未预期的通货膨胀之后，债务契约无法更改，从而就使实际利息率下降，债务人受益，而债权人受损。其结果是对贷款，特别是长期贷款带来不利的影响，使债权人不愿意发放贷款。贷款的减少会影响投资，最后使投资减少。

二是在雇主与工人之间，通货膨胀将有利于雇主而不利于工人。这是因为，在不可预期的通货膨胀之下，工资增长率不能迅速地根据通货膨胀率来调整，这就是为什么我们常常听见上班族抱怨“工资老是跑不过通货膨胀率”。对雇主来说，卖出的产品更贵了，可是付给工人的工资成本却没有变多，显然利润增加了。利润的增加有利于刺激新的投资者投资，这正是一些经济学家主张以温和的通货膨胀来刺激经济发展的理由。

三是在政府与公众之间，通货膨胀将有利于政府而不利于公众。由于在不可预期的通货膨胀之下，名义工资总会有所增加，随着名义工资的提高，达到纳税起征点的人增加了，有许多人进入了更高的纳税等级，从而按较高适用税率纳税。政府由这种通货膨胀中所得到的税收称为“通货膨胀税”，这种隐形的税收不容易被人察觉，因为政府并没有提高税率。一些经济学家认为，这实际上是政府对公众的掠夺。这种通货膨胀税的存在，既不利于储蓄的增加，也影响了私人与企业投资的积极性。

通货紧缩

通货紧缩是指当市场上流通的货币减少，人民的货币所得减少，购买力下降，影响物价下跌，造成通货紧缩。长期的货币紧缩会抑制投资与生产，导致失业率升高及经济衰退。在现实的经济生活中，判断某个时期的物价下跌是否已经形成通货紧缩，应该具备一下两个条件：一是消费者价格指数（CPI）是否由正值转变为负值，二看这种下降的持续是否超过了一定时限。

关于通货紧缩的成因，主要有以下几种说法：

（1）货币的供应不足造成通货紧缩。通货不足是一种货币现象，首先应该从货币的角度来考虑。市场上流通的货币减少了，即消费者手中的钱相对于商品是不足的，除了生活的必需品，消费者不敢也不愿进行其他领域的消费，商家为了卖出自己的商品不得不降低商品的价格。造成货币供应不足的原因是多种多样的。主要有以下三个方面：一是资金大量滞留在股票市场，二是资本外流，三是资本的流通缓慢。这些都造成货币管理当局错觉，认为流通市场中的货币量过高，而采取减少货币发行量的措施，这就造成了通货紧缩。

（2）总需求不足引发的通货紧缩。在社会经济生活中，总供给与总需求的严重失衡总是会造成通货膨胀或者通货紧缩。在总需求少于总供给的情况下，表现出来的就是商品卖不出去，即卖的多，买的少。这样就形成了卖方的竞争，在现实的生活中我们也很容易看到此类问题，如在季节交换时，消费者对于上个季节的服装需求较少了，各服装商店为了不积压商品，就通过各种形式进行促销，而这种促销的手段往往都是通过降低商品的价格来进行的，这就造成了服装这类商品的价格下降。某一领域的需求不足造成这个领域内的出现的问题，与总需求不足所引起的经济生活中出现的问题是一样的。因此，总需求不足是引起通货紧缩的原因之一。

（3）供给绝对过剩引起的通货紧缩。这在1929～1933年的美国经济危机中得到了充分的体现，美国经济经过1922～1929年七年的发展，空前繁荣，积累了大量的生产产品，而相对于产品的迅速增加，工人的工资却没有成比例的增长，这种情况下就出现了供给的绝对剩余，因为人们没有钱买这些多出来的产品。于是积压的大量产品没有办法出售，许多资本家只能通过销毁的方式来处理积压的商品，造成了严重的通货紧缩，也给美国经济带来了严重冲击。

（4）对未来经济产生不好的预期也会造成通货紧缩。2008年开始的世界金融海啸，就是因为次贷危机引发的人们对于未来经济信心不足造成的。这主要是针对虚拟经济来说，如果人们对于未来经济的发展预期不足，必然不会轻易将手中的资金用来投资与金融产业。造成虚拟经济领域的总需求不足，而当今经济虚拟经济占很大的一部分比重，并且虚拟经济能够对实体经济产生很大的影响，从而引发整体经济的通货紧缩。

一般来说，适度的通货紧缩，通过加剧市场竞争，有助于调整经济结构和挤去经济中的“泡沫”，也会促进企业加强技术投入和技术创新，改进产品和服务质量，对经济发展有积极作用的一面。

但过度的通货紧缩，会导致物价总水平长时间、大范围下降，市场银根趋紧，货币流通速度减慢，市场销售不振，影响企业生产和投资的积极性，强化了居民“买涨不买落”心理，左右了企业的“惜投”和居民的“惜购”，大量的资金闲置，限制了社会需求的有效增长，最终导致经济增长乏力，经济增长率下降，对经济的长远发展和人民群众的长远利益不利。由此看来，通货紧缩对经济发展有不利的一面。为此，我们必须通过加大政府投资的力度，刺激国内需求，抑制价格下滑，保持物价的基本稳定。

与通货膨胀相反，通货紧缩意味着消费者购买力增加，但持续下去会导致债务人负担加重，企业投资收益下降，消费者消极消费，国家经济可能陷入价格下降与经济衰退相互影响、恶性循环的严峻局面。通缩的危害表现在：物价下降了，却在暗中让个人和企业的负债增加了，因为持有资产实际价值缩水了，而对银行的抵押贷款却没有减少。比如人们按揭购房，通缩可能使购房人拥有房产的价值，远远低于他们所承担的债务。

如何预防通货紧缩？主要措施包括：

（1）宽松的货币政策。通货紧缩从实质上说是一种货币现象，货币供给的相对不足是通货紧缩产生的根本原因。从我国通货紧缩的产生机理来看，货币供给过程的梗阻是通货紧缩产生的重要原因。因此，疏通货币供给的渠道，保证货币的正常供给，使货币政策适应于国家经济运行的基本要求，是应付通货紧缩的当然对策。因此采用宽松的货币政策，可以增加流通中的货币量，从而刺激总需求。

（2）宽松的财政政策。在应对通货膨胀时应该采取宽松的财政政策，扩大财政支出，可以直接增加总需求，还可以通过投资的“乘数效应”带动私人投资的增加。投资的增加还会增加就业岗位，提高消费者的收入，提高他们的购买能力，有效地避免通货紧缩。但是在采取宽松的财政政策的同时应该注意到以下几方面的问题，一是扩大投资与扩大消费密切结合起来，二是尽可能提高投资的效率和效益。

（3）结构性调整。对由于某些行业的产品或某个层次的商品生产绝对过剩引发的通货紧缩，一般采用结构性调整的手段，即减少过剩部门或行业的产量，鼓励新兴部门或行业发展。

（4）改变预期。政府通过各种宣传手段，增加公众对未来经济发展趋势的信心。在虚拟经济社会中，提高人们的消费信心是防止通货紧缩的很重要的措施。

（5）完善社会保障体系。建立健全社会保障体系，适当改善国民收入的分配格局，提高中下层居民的收入水平和消费水平，以增加消费需求。

13 身高与体能哪个更重要——经济增长与经济发展

生活中有形形色色的人，高人、矮人、胖人、瘦人，根据人们的审美观不同，也就有了对美丑的界定。大多数人都认为个子高的比个子矮的美，瘦人比胖人更美。所以，很多的人为了能让自己多长高几厘米而绞尽脑汁，商场上的增高产品也是琳琅满目、五花八门。但是这些产品真的就有广告上说的那么神奇吗？

小王1.65米，但喜欢打篮球的他，却觉得自己太矮了，在球场上总是占不到优势，这让小王一直很苦恼。偶然的机会，小王看到电视上的增高产品，让他为之一动，想着可以试试，让自己长高几厘米，就能更好地发挥他的篮球技术。小王在服用增高药没多久，慢慢地他感觉自己浑身乏力、健忘、脱发，他想可能是自己最近太累了也或者是自己在长高的表现。有一天，小王在球场上突然感觉胸口发闷，喘不上气，接着就昏厥过去。到医院检查，医生给他的化验单让他出了一身冷汗，因为长期服用这些所谓的神奇的增高产品在身体形成毒素，身体的多个器官受损，已不能进行剧烈的运动，如果再继续服用将危及生命。这个结果让小王后悔莫及，自己不应该病急乱投医，为了想更好地打篮球，却没想到自己极端的做法，让自己再也打不成篮球了。

这种极端的增高必然是不可取的，不仅达不到效果，反而会破坏身体的正常机能，最后不仅个子没长高还落了一身病，得不偿失。小王一味追求身体的高度，忽视了身体的承受能力。身高和体能都重要，谁也想像姚明一样，拥有身高和体能的最佳结合，但当我们达不到这个目标的时候，我们是想长的更高呢还是身体素质更好呢？美国经济学家金德尔伯格和赫里科做过一个形象的比喻：正如在人类身上一样，强调增长着眼于身高和体重；而强调发展则注重于机能—协调素质的改变。小王的做法就相当于单方面促使经济过快而不合理地增长，这会带来一系列的社会问题。

经济增长的含义及其局限性

经济增长通常是指一个国家或地区在一定时期内（一般为一年）生产的产品和服务总量的增加，即国民经济的更多产出。它意味着国民经济规模的扩大和数量的增长。

西方经济学家在研究经济增长问题时，都有意无意地遵循了如下假定：（1）凡是产出都是有益的，即都计入收益；（2）生产除了消耗成本外，不付出任何代价。也就是说，要素的投入效果都是正向的。事实上，这个假定前提仍然是脱离实际的。因为影响经济增长的诸要素，如劳动力、土地、资本、技术进步、人力资本以及知识因素，对经济增长的作用从来都不是单向的。它们既能增加物质财富，促进经济增长，又会产生一些负面效应，如浪费资源，破坏生态环境，造成大量的不良品损失、人为事故损失以及社会问题等。

第二次世界大战以后，工业化国家在发展经济过程中有两句名言："增长不等于发展，富裕不等于幸福。"这是一条深刻的教训。因为他们都把经济增长摆在第一位，忽略了社会的全面发展，结果是经济增长了，社会问题却增多了，其中最严重的问题就是伴随着高经济增长而来的高人口增长率。同时，高经济增长率带来了环境严重污染、生态失衡、资源浪费和耗竭、人的精神危机加重等问题。

在工业化的发源地——英国，工业化使经济飞速增长的同时，还带来了沉重的代价，包括自然资源浪费，生态环境的破坏以及由此对国民健康造成的危害，道德沦丧与社会风气败坏等。

美国在经济增长进程中付出的代价也是非常沉重的。其原因之一是由于对资源的不合理开发，而使美国的自然资源遭到极大破坏。另一个代价是造成了严重的环境污染。美国的环境污染是伴随着经济增长而产生的。虽然美国随后采取了一系列遏制其环境急剧恶化的措施，但是，时至今日，美国仍是环境污染的“大户”。

第二次世界大战后的日本经济得到迅猛发展。但是，在这段时间内，由于忽视了经济增长的负面效应，致使在一些地区的空气、水和土壤中出现了超标准的污染物，对人体健康造成严重危害。

其他发达国家在工业化经济增长时期，也都无一例外地付出了沉重代价。进入 20 世纪后半叶，一批发展中国家的经济呈现出高速增长的态势。不幸的是，发达国家的悲剧也正在这些国家重演。

我国也同样面临着这样的问题。改革开放后，我国经济发展速度加快，经济增长的同时，也带来了诸多的问题，针对这些问题，一些经济学家对经济增长的价值产生了怀疑，发出了“经济增长可取吗”的疑问。

1967 年，英国经济学家米香出版了《经济增长的代价》一书。书中认为，物质财富的享受不是人类快乐的唯一源泉和目标，人类还需要有闲暇、文化娱乐、美丽的自然风光、优美整洁的环境等，但经济增长却片面追求国民生产总值指标的增加，忽视了社会福利指数，使人类的居住环境、生存条件、社会福利遭到破坏，从而为经济增长付出了巨大代价。米香指出，单纯的经济增长不能使人们享受美好的生活，反而造成了生活质量下降，因而这种经济增长是不值得的、令人怀疑的。虽然米香的说法有点过于悲观，但是这也足以引起我们的重视，是不是过度重视经济增长而忽略了社会的全面发展？

经济发展及与经济增长的关系

经济发展一般是指一个国家或地区伴随着经济增长而出现的经济发展的整体演进和制度改善。具体地说，经济发展的内涵包括三个方面：一是经济数量的增长，即一个国家或地区的产品和劳务通过增加投入和提高效率获得更多的产出，这是构成经济发展的物质基础；二是经济结构的优化，即一个国家或地区的投入结构、产品结构、分配结构、消费结构以及人口结构等各种结构的协调与优化，这是经济发展的必然环节；三是经济质量的提高，即一个国家或地区的经济效益水平、社会和个人福利水平、居民实际生活质量、经济稳定程度、自然生态环境的提高和改善程度以及政治、文化和人的现代化程度，这是经济发展的最终标志。

从概念界定我们可以看出，经济增长的概念较窄，偏重于数量的统计，而经济发展的内涵较广，既包括数量又包含质量。

在经济分析中，经济增长和经济发展既紧密联系又相互区别。

从联系上讲：经济增长和经济发展密不可分，前者是手段，后者是目的，前者是后者的基础，后者是前者的结果。一般认为，有经济增长不一定有经济发展。如果由于制度上的原因，产出增长的结果是长期两极分化；或产出有快速增长，但产出中相当一大部分无补于国计民生，而是国民经济的虚耗；或为片面追求快速的产出增长，不顾及广大人民的现实及长久福利，不考虑所付出的社会代价，都可能形成增长和发展的不一致，就会出现“无发展的增长”。但是，没有经济增长是绝不可能有经济发展的，正如赫里克和金德尔伯格所说：“很难想象没有增长的发展。”

但是，经济增长和经济发展也有着明显的区别。

第一，经济发展的含义和目标比经济增长有所放大。经济增长仅指国民收入或人均国民收入以及实物产量的增加，而经济发展除了经济增长以外，还包含着原有的贫困、失业、分配不均、经济结构等情况的改善。因此，经济增长可能是发展，但是，如果既没有结构上的变革，也没有制度上的变革，经济增长就不能看成是经济发展。例如，利比亚依靠大量石油输出、利比里亚依靠外国种植园主所拥有的初级产品出口实现经济迅猛增长，都曾经一度使本国的人均收入有较大幅度的提高，但这种现象仅仅被看做是“没有发展的增长”。

第二，经济增长和经济发展的适用范围不同。一般认为，经济增长主要出现在发达的资本主义国家，而经济发展则主要表现在发展中国家。以经济增长为研究对象的增长经济学，主要研究发达的资本主义国家经济稳定增长的条件，从历史上分析经济增长的速度和各种增长因素的作用，预测未来的长期增长趋势等。以经济发展为研究对象的发展经济学，主要研究发展中国家的经济发展，强调通过适当的经济、政治、社会制度变革，逐步实现本国的现代化。应当指出的是，从第二次世界大战以后，上述观念正在被突破，一方面，经济增长与经济发展开始出现交融，另一方面，理论研究也逐渐渗透，彼此影响，但尚未取得明显的进展。

第三，经济增长和经济发展的实现机制存在差异。这是因为，经济增长意指一国生产的商品和劳务总量的增加，主要局限于经济领域的活动，因此，经济增长的实现机制主要以经济运行为主。经济发展的含义和目标除了经济增长以外，还包含经济、政治和社会结构的现代化，因此，经济发展的实现机制，除了依靠经济运行以外，往往还要依靠政治结构、社会结构的改变和完善。

从上述经济增长和经济发展的关系可以看出，只有将经济增长有机融入经济发展之中，使两者统一起来，形成经济增长——经济发展的良性循环，才能真正实现“有增长的发展”和“有发展的增长”。

经济增长是经济发展的手段，经济发展是经济增长的目的。不能离开经济发展这个目的去一味追求经济增长速度，那样会导致经济发展中的比例失调、经济大起大落和社会不公及社会剧烈动荡。

这就跟文章前面例子中的小王一样，一味追求长得高而忽略了身体的整体发展。怎样找到身高和体能的最佳契合点呢？也就是怎样达到有增长的发展和有发展的增长呢？

现代经济发展的实践已经证明，要实现真正的经济增长、经济发展，就要为其寻找真正的动力和坚实的基础。这个基础就是提高劳动生产率，提高科技贡献率，提高管理效率，实现高质量的经济增长。而要做到这一点，只能依靠科技、教育、文化、卫生、社会整体素质的提高。实践证明，高投入、高消耗、拼资源可以实现一个时期经济的高增长，但这不能持久。因为长期过度的消耗资源必然导致生态失衡、环境污染，为将来的发展设置障碍。

14　希望的田野——“三农”的喜与愁

“三农”是我国政府2004年提出的一个新名词，“三农”问题是指农业、农村、农民问题。虽然我们看见的都是政府在做相应的工作，提倡相应的口号，然而，如果你们以为这仅仅是一个政治问题那就大错特错了。严格意义上讲，“三农”问题更是一个经济问题。更早以前，“三农”问题是许多发展经济学家讨论的事，正是有他们的贡献，才促成了政府对“三农”问题的重视。

二元经济结构

要以经济学家的思维理解“三农”问题，我们首先必须提一下二元经济结构，即城乡二元结构。它指的是以工业化大生产为主要特点的现代城市经济和以小生产为特点的落后的农村经济并存的经济结构，是很多发展中国家的普遍现状。这个概念最早由著名的发展经济学家刘易斯提出，经过多代发展经济学家的努力得到了补充和扩展。其中一个与很多发展中国家息息相关的问题就是二元结构下工业与农业或者说城市与农村的关系问题。基本一致的观点是，由于二元经济结构的存在，现代城市部门将隐蔽地享有收入分配带来的全部好处，即利润，从而迅速地完成资本的积累过程，使得现代城市工业部门不断扩张，传统农业部门逐渐缩小，这一过程直到农村的剩余劳动力全部转移出去为止。

打个可能不太恰当的比方，一个母亲有两个儿子，原本一个胖，一个瘦，瘦的儿子行动敏捷，而胖的那个行动相对迟缓。每天母亲都把两个儿子的饭菜准备好就外出工作，瘦的儿子总是跑得比另一个快，抢到的饭菜也总比另一个多，久而久之，瘦儿子越长越高，越长越健壮，而原本的胖儿子则日渐消瘦，个子也不如瘦儿子长得快。这里的胖儿子就好比农村农业生产部门，而瘦儿子则好比城市工业生产部门，瘦儿子行动更加敏捷就如同工业部门比农业部门的生产力更强，这种本质的差异使得瘦儿子在争抢食物上占有优势，这也就是刘易斯所指的工业部门对农业部门潜在的剥削。

事实上，我国的经济发展过程正与二元结构密不可分，政府政策也多年遵循向现代化工业部门倾斜的工业化战略。几十年的发展过程呈现出城市工业快速发展和农村农业发展缓慢的事实，并且在我国户籍制度固定下的劳动力自由流动障碍，农业剩余劳动力过大，以及工业生产受阻于有限的需求增长等原因的共同作用下，城乡差距拉大的问题日渐突出。正是在这样的情况下，“三农”才应运而生。就好比那个外出工作的母亲终于意识到了两个儿子在缺乏自己引导和管束的情况下无法公平地用餐一样，她必须以家长的身份在孩子吃饭问题上做些调整，比如把饭菜一分为二，分别拿给两个儿子。

“三农”问题直接关系到我国各个方面的发展，就如一个木桶，它能盛多少水取决于最短的那块木板。相对于取长来说，补短更为重要。其实，“三农”一直就存在，但在以前，短的木板不只一根。在新中国成立以来三农的发展也取得了一定的成绩，只是相对于其他产业来说，发展速度不及其他产业。下面从我国三农发展的过程中体会一下这一发展经济学的重要内容。

我国“三农”发展所取得的成就

新中国成立以后到十一届三中全会之前，通过土地改革，将原来私有化的土地、私有化的生产资料实行了公有化，这一措施极大地提高了农民生产的积极性。1978 年十一届三中全会以后，在其正确的思想路线指导下，把过去大锅饭、平均主义的生产方式、分配方式进行了改革，全面实现了以家庭承包为基础的统分结合的双层经营体制，又一次充分调动了农民的积极性。这使得我国的“三农”有了跨越式的发展，取得了辉煌的成就。

农业生产持续增长。粮食和其他主要农产品大幅度增长，创造了用不到世界 7% 的耕地养活世界近 22% 人口的奇迹。从 1978 年到 2007 年，粮食由 30477 万吨增加至 50150 万吨，人均由 318.7 千克增加到 380 千克。水产品总产量由 465 万吨增加到 4737 万吨，人均由 4.9 千克增加到 35.9 千克。肉类总产量由 1996 年的 4584 万吨增加到 2007 年的 6800 万吨，人均由 30.3 千克增加到 51.5 千克。我国粮食、蔬菜、水果、肉类、禽蛋和水产品等产量连续多年居世界第一。

农村经济协调发展。农业农村经济结构不断优化，畜牧业产值占农业总产值的比重由 1978 年的 15% 增加到 2006 年的 32%，渔业产值占农业总产值的比重由 1978 年的 1.6% 增加到 2007 年的 12%。

农民生活水平显著提高。1978 年至 2007 年，农民人均纯收入由 134 元增加到 4140 元，扣除物价因素，年均实际增长 7% 以上。农村贫困人口由 2.5 亿下降到 1479 万人，贫困发生率下降 29 个百分点。全国农村已由温饱不足进入到部分小康向全面小康迈进的阶段。

农村基础设施明显改善。农业科技自主创新能力不断提高，成果转化和应用水平不断增强，对农业的支撑作用越来越明显。

农业物质装备水平不断提升，2007年全国农机总动力达到7.6亿千瓦，耕种收综合机械化水平达到41%，分别是1978年的6.3倍和2.1倍。特别是党的十六大以来，新增灌溉面积667万公顷，新建农村公路130万千米、新增沼气用户1650万户，解决了9748万人饮水困难和安全问题。

农村社会事业全面进步。1.5亿农村中小学生的学杂费全部免除，西部地区“两基”攻坚目标如期实现。新型农村合作医疗覆盖86%的县市，7.3亿农民从中受益。农村最低生活保障制度初步建立，3452万困难群众生活有了保障。

农村的生态环境明显改善。由于过去经济增长方式的影响，农村的大部分地区污染比较严重。过度的开荒，如毁林造田、围湖造田等不科学的开荒，造成了生态的破坏。但是随着国家退耕还林、退牧还草、退耕还湖等一系列措施的实施，以及建设社会主义新农村的影响，农村的生态环境有了明显的改善。

盛世格局中的“三农”忧思

改革开放以来，我国的农业、农村、农民在各个方面都有了较大的发展，但是在辉煌成就取得的同时，“三农”方面也出现了不少问题。最突出的主要表现在以下五个方面：

一是小规模经营与农业现代化的矛盾。农业现代化是指运用现代化的生产手段、生产技术和管理方式，实行集约经营，有效地配置、利用、保护农业资源，改善环境，实现农业高效持续发展，大幅度提高土地生产率、劳动生产率、资源转化率以及商品率，将传统农业转化为现代农业的过程。显然，农业现代化的实现，要求在农业生产的手段、技术和管理上必须来一次新的变革，实现农业生产的专业化、科学化和社会化，大幅度地提高农业的经济效益和农产品的商品率。而联产承包后我国农业经营主要是以家庭为经济单位，在农业生产中主要是小规模分散经营，严重阻碍了农业机械化和科学种田的推广运用，使生产要素的配置不尽科学合理，这与农业现代化的这些要求却存在着巨大的反差。

二是城乡二元结构矛盾突出。城乡就好比走钢丝时，表演者手中平衡棍的两端，只有两端平衡了，表演者才能继续前进，如果两端失衡，那么不要说前进，就连站在钢丝上都难。而我国的城乡发展却是不平衡的。我国城乡收入差距、收入差距比例正在逐步扩大，除了在收入差距上的体现外，城乡二元结构在社会事业、公共设施发展方面表现得也非常突出，农村居民得到的公共服务，如教育、医疗、文化等社会事业，以及在公用基础设施服务，如水电、通讯、网络等方面，无论在数量还是质量，都与城镇居民存在很大的差距。此外，农村的基础设施也非常薄弱，抵御自然灾害的能力都非常薄弱，不利于“三农”的发展。

三是农村的人口素质普遍偏低。人口素质偏低导致了农民工只能从事比较苦、比较累的工作，并得不到高的报酬。人口素质低主要是因为一方面农村的人口数量增长较快，另一方面由于传统思想的影响，认为农村的劳动力不需要太多的文化。并且农民在从事农业的过程中，过早地将孩子们纳入劳动者的行列，只要求他们踏实干农活，而忽略了他们的教育。这样就使得农村人口的文化水平比较低。而现代化的农业发展，需要有较高科学文化知识的农民才能适应。缺少科学文化知识，难以适应现代农业的发展方式。农民文化水平低，是制约农村经济社会发展的重要因素之一。

四是我国的农业资源有限，并呈现逐渐减少的趋势。在介绍我国情况时，我们经常听到的说法是我国“幅员辽阔、地大物博”，但是我国的耕地面积正在逐年减少。这并不是因为退耕还林、退耕还湖、退耕还草等环保措施的实施而减少的，主要是因为土地沙漠化和水土流失以及工业占地才造成的。人均水资源只是世界平均水平的1/4，国家的七大江河中，长江、珠江、松花江这三条江的水资源相对有余，黄河、海河、淮河、辽河这四条河的水资源严重不足。长期以来，缺水、洪水、污水、水土流失等问题，一直困扰着国民经济和社会发展，特别是水资源短缺和水污染的问题，近年来日益严重。

五是环境污染较为严重，不利于农作物的生长。我国为了提高粮食增产，农田的化肥投入量逐步增加，而肥料的过量使用，农作物不能完全吸收，肥料随着降水的流失一方面造成了浪费，另一方面也造成严重的环境污染。2007 年夏季发生的太湖蓝藻，给当地居民的生活造成了严重的影响，居民的饮水、洗澡都成了问题，可见我国很多地区的环境承载能力，即环境的自我恢复能力已经到了极限。超过这个极限很可能就会造成该地区不能再进行农业生产。再以牺牲环境为代价来进行发展，必定造成严重的后果。

造成这些问题的主要原因是多方面的，既有客观原因又有很大的人为因素。从客观角度讲，我国的水土资源总量较大，但是由于较大的人口基数，人均占有水平远远低于世界平均水平，而农村的人口数量却比较大。两者之间的矛盾造成了大量的农村富余劳动力，而这些剩余的劳动力又不能得到及时有效的转移，无形之中就增大农村了事业人口的数量，这是制约“三农”发展的一个重要因素。

另外，我国传统的小农经济意识、不利于科学农业的发展，而且农村的基础设施薄弱，抵御自然灾害的能力很弱。人为因素方面主要是因为一些地区在经济发展过程中对农业的发展不够重视，投入不多，并且有很大一部分干部办事不尊重农民的意愿。

走出“三农”困境的政策选择

认识到问题的母亲决定对儿子用餐进行干预和管理，于是怎样管理又成为一个新问题。发展经济学领域有很多经济学家就此进行研究。比如美国经济学家托达罗认为应当扩大农村中的就业机会，鼓励农村的综合开发，努力缩小城乡就业之间的不平衡。

如今我国政府为了缩小城乡的不平衡，不断加强惠农政策的力度，比如取消了中国历朝历代一直存在的农业税；又比如为了改善农村基础设施状况而进行的新农村建设；还有逐年加大的对农村的投入：单从农业水利投资方面来看，政府的投入从 1982 年、1983 年投入资金不到 10 个亿，到 2007 年超过 500 亿，2008 年更是超过了 800 亿；再比如为了提高农业生产力而进行的良种补贴、技术推广：更多地运用生物技术、信息技术、节水节地等技术；当然还包括相应的体制改革，比如以家庭承包经营为基础、统分结合的双层经营体制等等。

为了配合这些政策的有效实施，还制定了许多配套的措施，政府在制定措施时，主要是从调节以下四方面的关系来着手，对于这些关系的调节，在很大程度上解决了“三农”的问题。

首先政府调节了政府和市场的关系，也就是努力将政府的宏观调控与市场的自我调节结合到一起，即是那“两只手”。

因为，如果只注重政府的宏观调控而忽视市场机制的作用，不利于发挥农民的主体地位，农民的意愿不能得到很好的表达。这样制定出来的政策如填鸭一样，不管鸭子饱不饱都要喂它吃东西。而如果只强调市场的作用，将农业与其他产业放同一起跑线上，由于农业利润小、风险大、竞争力不足，农业很难在与其他产业的竞争过程中得到发展。这样制定出来的政策就如同让瘸子与赛跑冠军进行比赛一样，本来应该在比赛规则方面制定对瘸子有利的政策，但是没有政府的宏观调控，使瘸子只能在适合正常人的比赛规则下进行。因此只有将二者很好地结合起来，才能更好地解决“三农”问题，促进农业和农村经济得以较快健康的发展。

其次是处理城乡关系，把建设新农村、发展现代化农业，与城镇化、工业化结合起来。马克思在一百多年前就讲过：“现代化的历史就是乡村城市化的历史。”我国的城镇化起步晚，但近年来发展速度加快，对国民经济发展和带动“三农”都是有利的。但在城镇化、工业化过程中，“三农”在经济、社会、生态环境多方面还存在一定的负面影响，这是需要予以重视并尽量减少的地方。同时，在工程建设、制度安排、资金支持等方面，加大工业反哺农业、城市支持农村的力度，将利益的天平向农村倾斜，让农民得到更多的实惠。加快城乡一体化进程，切实保障城乡人口和多种生产要素的双向流动，有利于促进城乡双赢。

三是处理政府和农民的关系，尽量地把政府的支持保护作用与农民的积极性、创造性结合起来。在饮水、沼气、公路、能源等工程方面，采取更有力措施；到村到户的工程中，充分尊重农民的意愿，发挥农民的积极性与创造性；一改“当官要为民做主”的传统观念，而是让农民做主，为农民服务。农民办不了、办不好的事情，比如公共设施等，由政府大力帮助和支持，既注重政府的效率又注重发挥农民的主人翁意识。农民可以自主地按照自己的意愿进行生产，以达到实现自己利益的最大化，政府的作用是给农民提供有利的信息，促成经济学所说的完全信息，使得农民的生产决策不至于由于信息的缺失而偏离。同时，也通过弥补信息的不对称性改善社会公平问题。

四是处理保护农民土地承包权益与土地承包权流转的关系，依法征地与合理补偿的关系，更好地结合起来和统一了流转双方的利益、国家与农民的利益。保障国家粮食安全需要保护土地，地方发展经济需要土地，农民的生计也需要土地，如今土地的供需矛盾越来越突出。大量事实证明，如果监管不力，土地承包权在流转、土地征用过程中，农民的权益很容易受到侵害。因此政府在土地流转过程中提出了必须坚持的“三不得”，即不得改变土地的集体所有性质，不到改变土地用途，不得损害农民的土地承包权益。同时，还必须做到“两个不可”，即不可将土地抵押，不可将土地到公司入股。但是可以按照依法、自愿、有偿的原则，以“五种方式”即转包、出租、互换、转让、股份合作等方式流转土地承包权。政府建设征收农村集体土地，要求在给农村集体组织和农民合理补偿的同时，安排好被征地农民的就业、住房、社会保障。

有很多学者认为解决“三农”问题的最好办法是将土地私有化，但是从古今中外大量事实和我国国情来分析，土地所有权私有化风险太大。

一是如果土地私有化，将不利于土地增值利益的公平分配，因为土地私有化以后，资本所有者可能购买大量土地，通过各种途径谋取暴利，而且收入将成为个人所有，而不能像现在这样，政府可以利用先归自己所有的土地增值利益，对现在和以往的被征地农民乃至其他农民进行公平反哺。如果土地私有化，今后农民卖地的价格越高，原来被征地的农民就越会攀比，影响社会稳定。

二是如果土地私有化，有的农民如果将土地卖掉，而又长期找不到工作，就会成为无地无业者，难以保障生计。

三是如果土地私有化，将不利于保护耕地和保障国家粮食安全。

所以，从全局和长远考虑，不能将土地私有化。

15 鱼与熊掌能否兼得——公平与效率

世上的事情总是难两全齐美的。苏东坡在诗句中感慨："月有阴晴圆缺，人有悲欢离合，此事古难全。"而古希腊人在《伊索寓言》的"父亲和他的两个女儿"的故事中讲的就是这个道理：

一位父亲有两个女儿，一个嫁给了菜农，一个嫁给了陶工。他去探望嫁给菜农的女儿，问她日子过得如何。她说，一切称心如意，只是祈求老天立即刮风下雨，使蔬菜得以及时浇灌。不久，他又去探望嫁给陶工的女儿，问她日子过得如何。她说，万事完美无缺，只是祈求上苍确保风和日丽，使坯子得以迅速干燥。老人感慨，你巴望天晴，而你姐乞盼下雨，我这当爹的该为你们哪个祈求呢？

经济社会也常常会遇到这种两难处境，公平与效率就是一例。在任何社会中，由于个人的能力、努力与际遇，以及社会制度的不完善，人与人的收入与权力总是不平等的。所以，平等就成为广大被统治者和弱势群体的强烈要求，也成为许多政治家、社会改革者和思想家的追求。但每个人对社会所作的贡献又的确不同，给贡献不同的人以平等的收入，社会就缺乏激励机制，效率低下，结果处于一种平等的共同贫穷的状态。每一个政府都希望同时实现公平与效率，正如老人希望两个女儿都如愿一样，但事实上，正如下雨和天晴不可能同时实现一样，要同样实现平等与效率也几乎不可能。要提高效率就难免有不平等，要实现平等就要以牺牲效率为代价。经济学家把这种平等与效率之间的矛盾称为社会面临的重大权衡取舍。

经济学家关于公平与效率的争论，像是一场马拉松长跑，经过了两个多世纪，至今不见胜负。要经济效益，还是要社会公平？这是20世纪以来经济学家一直十分关注的问题，在任何一个社会中，都希望达到公平与效率的平衡，都希望实现这个双重目标，但在同一制度环境下，要实现基本相悖的双重目标是十分困难的。

处理效率与公平的关系，是中国的难题，也是一个世界性难题。效率与公平，其实不是一个层面的问题，两者之间，也不可能有冲突。公平与效率就如同讨论大米与布匹哪个更重要一样，不仅徒劳无益，而且就是争论一万年，也不会有结果。

边际效用

在我们讲述经济学是如何衡量公平和效率之前，有必要先清楚一个重要的概念，即边际效用。先让我们把它分析一下。

在经济学领域，“边际”这个概念毫无疑问已经成为最基础的概念以及最重要的分析方法之一。很多经济思想都跟“边际”一词密不可分。所谓“边际”就是指新增加的那些量，用数学的语言来说就是“倒数”或“偏导数”。经济学家在分析很多经济问题时都经常使用与此相应的概念，比如边际收入、边际成本、边际产量、边际利润……因为边际概念可以有效地帮助他们进行最优决策。

比如我们现在经常看见电信企业搞活动，只要入网，一次性充一笔话费就可以免费得到一部手机等等，算下来，电信企业好像没赚什么钱，这是为什么呢？电信企业真变成无偿服务的行业了吗？经济学家会这样来解释这件事情，他们认为像电信这样需要大量基础设施投入的行业，前期的固定成本是主要的成本，一旦电信网络得以建成，后期的可变成本是很小的，也就是说，对他们来说每增加一个用户所增加的成本很小，甚至几乎为零，即边际成本微不足道；无论这个用户经常打电话与否，只要有使用通信服务都将变成他们的收益，即边际收益。对电信企业来说，边际收益恒大于边际成本，这部分差额全部进入利润，用户自然越多越好。所以他们不惜让大利吸引更多的消费者入网，对消费者来说相当于用充的值买了一个新手机，还能享用服务何乐而不为，而电信企业短期来看至少不亏损，长期来看多入网的消费者还能带来滚滚的利润，正应了中国的一句俗语“各得其所”。

大家有没有想过为什么你们有买东西的欲望？在经济学家眼中，人们之所以消费是因为从中可以获得幸福感和满足感。然而，这种感觉看不见、摸不着，却又模模糊糊好像能感觉到。经济学家为了研究人们的消费行为，给予这种感觉一个特有的名字，即效用。有了效用，经济学家就可以衡量、比较消费带给人们的满足感和幸福感，进而研究与消费相关的需求甚至是整体社会福利。

了解了“边际”又了解了“效用”，相信大家现在可以比较容易地理解边际效用了吧。边际效用就是每增加一单位消费所带来的效用增量。边际效用还有一个规律就是递减。这个很容易理解，比如我们喜欢吃蛋糕，当我们吃第一块的时候那美好的滋味简直没得说，于是我们又吃第二块，第三块……可是当我们吃到第十块的时候很多人会觉得腻味甚至恶心。蛋糕的味道没有变，可是我们的感觉却变了，如果说吃第一块蛋糕的时候效用是10，那么等到吃第十块蛋糕的时候效用恐怕已经降到0甚至变成负的了吧。所以经济学家才说，随着人们消费的增加，边际效用是递减的。

关注公平不能向效率开刀

一百多年前，意大利经济学家帕累托就提出了资源分配的最优状态标准。帕累托说，分配的最优状态，是在不使任何人情况变坏的情况下，就无法使某些人的境况变好。这个双重否定句听着很拗口，用逻辑学的推理可以得出等价的逆否命题：如果使某些人的境况变好必须以某些其他人的境况变坏为代价，那么这种状态就是帕累托最优状态。我们前面提到的中国的那句俗语“各得其所”，恰好与其不谋而合。即是说，当每个人都得到自己应该得到的报酬时，就是分配的最优状态了。按生产要素的贡献分配，无疑符合帕累托的最优状态。

意大利经济学家帕累托

从经济学角度看，政府追求公平即追求社会福利最大化。英国经济学家庇古曾证明，一元钱分别给富人与穷人，效果是不同的。由于边际效用递减，一元钱对穷人的效用，往往要高过富人。区区一元钱，富人或许不屑一顾，但穷人有了这一元钱，却可免受饥饿之苦。于是庇古推论说，社会福利的最大化，就是收入的均等化。

适当调节贫富差距，富人不会因此变穷，而穷人却可以增益。无论如何，这也是改进公平的可取之法。

不过要指出，调节贫富差距，不等于劫富济贫，政府要控制有度，不能助长仇富心理。共同富裕是目标，但不可能齐步走，必须有人先富，有人后富。富不是坏事，只要是诚实劳动、合法经营，谁先富，政府都应当鼓励。

公平与效率永远不可能平衡，只能找到一个临界点，做出次优选择方案。一个社会如果没有效率，共同贫穷，平等是没有意义的。

举个例子，一些人要求分一个蛋糕，假定公平的划分是人人平等的一份，什么样的程序能给出这样一个结果呢？我们把技术问题放在一边，明显的方法就是让划分蛋糕的人得到最后一份，其他人都被允许在分蛋糕的人之前拿。他将会平等地划分蛋糕，因为这样他才能确保自己得到可能有的最大一份。简单地说，就是每个人轮流分蛋糕，但分蛋糕的那个人最后一个领蛋糕。令人惊奇的是，在这一制度下，每块蛋糕都一样大，就像用科学仪器量过一样。因为，每个主持分蛋糕的人都认识到，如果每块蛋糕不一样大，他确定无疑将享用最小的那一块。

就社会发展机制而言，公平调节对象是社会稀缺资源，旨在维系社会秩序，避免“物缺必争，争则乱，乱则溃”的恶性循环，使经济和社会可持续发展。而效率则反映的是人的社会活动与活动目的之间的一种比率关系，是人的社会活动和目的性的一种体现。用经济学术语来说，效率就是少投入，多产出，多收益。效率的取得，取决于一系列要素的有机结合，但最根本、最重要的因素是人。人的积极性以及由这种积极性所释放出来的创造性，是一切效率的源泉。而这种积极性，就其合法性和持久性来说只能来自社会的公平机制。任何不公平的途径所形成的效率都是不能持久的，也是现代社会所不能允许的。从这个意义上说，公平是效率的唯一源泉，公平就是效率，公平的程度决定了效率的程度。

公平与效率的权衡与选择是一切社会都不能回避的基本问题。在实际生活中，他表现为人们的一种价值选择，其选择结果不仅关系到个人利益，而且关系到整个社会的政治经济体制、决策目标甚至管理方式。

社会主义国家在公平与效率的权衡与选择问题上普遍存在着困惑。这是由于：现实的社会主义国家原先都是一些经济、文化比较落后的国家，能够先于发达的资本主义国家进入社会主义社会，是同特殊的历史条件密切联系的。进入社会主义社会以后，都面临着赶超发达资本主义国家的任务。所以，都要力图实现生产力的跳跃发展。由于生产力连续发展是一个规律，后起国家只有在先进国家先进生产力基础上继续发展，才能实现跳跃发展。这就提出了效率的问题。

现在既然出现贫富差距拉大的现象，我们就应该重视扶贫。换句话说，就是既要输血，又要增强贫困地区的造血功能。诺贝尔经济学奖获得者阿马蒂亚·森把贫困定义为发展能力欠缺、发展机会的丧失。通过教育的普及，可以提高机会公平的程度。在市场经济条件下，人们收入水平差异的重要原因之一是机会不公。提高机会公平，无疑可促进劳动力整体质量，使劳动力具有更高的技能，从而推动经济效益的增长。经验表明，由于知识效应，教育能够提高机会公平，带动结果公平。

先富与后富是相互联系的。“部分先富”要以“共同富裕”为目标；“共同富裕”要以“部分先富”为基础。先富带后富，后富追先富，中国全体人民的物质生活和文化水平就会一浪高过一浪地向前推进。

公平是社会可以接受的差距

关于公平的含义，主要应从三个方面来把握。一是机会公平，也就是参与社会经济活动进而参与收入分配的机会是相同的。一个人，只要他有劳动能力或拥有一定的生产要素，就可以参与社会生产过程并以此获得收入，不会因为民族、年龄、性别和社会地位的差别而具有某种优先的权力或受到任何歧视。二是收入分配的规则公平，即国家制定的各种收入分配法规或企业制定的分配制度对于每一个人来说都是平等、公平的，不存在对某些人的优先或对另一些人的限制。三是指收入分配的结果是公平的。每个社会成员都能获得与其提供的劳动或生产要素相当的收入，在承认不同社会成员收入分配合理差距的基础上，所有社会成员都能获得一定水平的收入，共同享受生产力发展的成果，消除两极分化。收入分配公平的三个内涵规定是相互联系的，机会公平、规则公平是分配结果公平的基础。

我们要承认，“平均主义”不利于提高效率，而“收入差距”有利于提高效率，这是被所有国家的历史实践都证明了的。比如说，勤劳的人效率高，如果勤劳人与懒惰人的回报一样，人们就不愿意勤劳。因此要“奖勤罚懒”，而奖勤罚懒必然造成收入差距。邓小平同志讲“让一部分人、一部分地区先富起来”，就是立足于提高效率。但是，单认清这个问题还不够，我们还要客观地分析“公平”。公平包括“机会公平”和“结果公平”，机会公平有利于激励效率，而结果公平（就是不管工作干的好坏收入都一样），这必然会严重影响效率。经济学天生关注效率，社会学天生关注公平，这是学科分工使然。笔者认为，可以用一句话使经济学家和社会学家达成“共识”：“公平是相对的，社会可以接受的差距就是公平的。”为了提高效率，差距拉大了，但只要这个差距在社会可接受的程度内，就可视为是公平的。

我们所讲的效率就是如何将蛋糕做大，而公平则是如何分蛋糕的问题。市场主要管效率，政府主要管公平。调节收入分配，实现贫富和谐，首先是政府的职责。政府必须在这个问题上有大的作为。而政府要有效地调节收入分配，不能“东按葫芦西按瓢，眉毛胡子一把抓”，首要的任务是要建立一个有效的制度。“制度更是第一生产力”、“人跟着利益走，利益跟着制度走”的观点认为，一个良好的、有效的制度不仅是推进生产力发展的关键，也是解决财富分配、协调利益关系、促进贫富和谐的关键。

寻求公平与效率的均衡

所谓“公平与效率的均衡”，主要含义是：(1) 既不过分强调效率，适当追求较高的效率，也不过分强调公平，要保障相对的社会公平。这样的公平与效率是相互结合而不是相互排斥的。(2) 效率是实现公平的前提和条件，而不以牺牲公平为条件；同样，公平也是保持和提高效率的前提和条件，而不以损失效率为条件。这样的公平与效率是互为条件和前提的。(3) 公平水平的提高会带来和促进效率水平的提高；同样，效率水平的提高也会带来和促进公平水平的提高。二者相互促进、共同提高。

处理效率与公平的关系，我们不能一般地反对收入差距。收入差距是市场机制的重要内容，是激励效率的重要杠杆。而收入差距过大，则会影响社会公平和社会稳定。社会不是要消灭收入差距，而是要调节收入水平过分悬殊，取缔非法收入，保障低收入者的基本生活水平，实现社会主义和谐社会。把收入差距控制在多大程度既有利于保持经济效益，又不损害社会公平和影响社会稳定，这不仅与各国的经济发展水平有关，也与各国的历史文化传统有关。在有着“不患寡而患不均”的文化传统的中国，在效率与公平的关系方面尤其要采取审慎的态度。

16　牛吃庄稼的故事——科斯定理

先看梁小民在《微观经济学纵横谈》一书中所讲述的故事：

20 世纪初的一天，列车在绿草如茵的英格兰大地上飞驰。车上坐着英国经济学家庇古。他边欣赏风光，边对同伴说：列车在田间经过，机车喷出的火花（当时是蒸汽机车）飞到麦穗上，经常烧毁庄稼，给农民造成了损失，但铁路公司并不用向农民赔偿。这正是市场经济的无能之处，称为“市场失灵”。

将近 70 年后，1971 年，美国经济学家乔治·斯蒂格勒和阿尔钦同游日本。他们在高速列车（这时已是电气机车）上想起了庇古当年的感慨，就问列车员，铁路附近的农田是否受到列车的损害而减产。列车员说，恰恰相反，飞速驰过的列车把吃稻谷的飞鸟吓走了，农民反而受益。当然铁路公司也不能向农民收“赶鸟费”。这同样是市场经济无能之处，也称为“市场失灵”。

同样一件事情在不同的时代与地点结果不同。两代经济学家的感慨也不同。但从经济学的角度看，火车通过农田无论结果如何，其实说明了同一件事：市场经济中外部性与市场失灵的关系。外部性又称外部效应，指某种经济活动所产生的对旁观者利益的影响。也就是说，这种活动的某些成本并不由从事这项活动的当事人自己承担，而由与这项活动无关的第三方承担，这种成本被称为外在成本或社会成本。同样，这种活动的某些收益也不由从事这项活动的当事人获得，而由与这项活动无关的第三方获得，这种收益被称为外在收益或社会收益。在前一种情况下，称为负外部性；在后一种情况下，称为正外部性。正是由于上述特征，因此，外部性又称之为社会成本（或社会收益）。

庇古是最早对外部性和市场失灵问题做出系统分析的经济学家。他认为，依靠市场机制无法解决外部性问题。当某些生产活动存在负外部性时，必须由政府出面，对相关企业或个人征收相当于其损害额度的税或罚款。而对于存在正外部性时，则应当由政府出面对产生外部收益的企业或个人提供补贴，只有这样，才能克服市场失灵，实现资源的优化配置。具体到火车驶过农田的情况，在庇古看来，通过税收提高运费，并把税收补贴给农民，借此减少火车运行就会更好地消除不利影响。

科斯定理

但是，20世纪60年代，美国经济学家科斯提出了与此不同的观点。科斯在他1960年发表的《社会成本问题》一文中，以走失的牛群损害庄稼为例证，对外部性问题进行了分析。

有两块毗邻的土地，一块是养牛的牧场，另一块是种庄稼的农场。牧场的牛群会损害农场的庄稼。法律规定可能有两种情况：牧场主负责赔偿农场主的损失；或者养牛人不承担损失由农场主自己负责。如果说法律规定的这种权利是清楚的，交易（即商量达成协议）就会在农场主和牧场主之间发生，他们之间的一方就会采取行动，调整自己的行为：继续经营还是把资源用作其他用途。但不论怎样谈判交易，最终结果都使产值达到最大。如果由养牛人负责赔偿，若他的收入扣除赔偿费还有剩余，且比放弃放牧改营他也更有利，他会与农场主签订契约，承担赔偿责任，并继续他的牧牛经营；另一方面，对农场主来说，如果获得的赔偿金代替了他在市场上出售

英国经济学家科斯

相应产品的收入，他仍然会继续经营他的农场。

又假定，养牛人对损失不需要承担责任。在这种情况下，农场主会采取行动，如果给的费用能使养牛人停止养牛，农场主种植庄稼所获得的收益除去这笔费用外还有剩余，且比放弃农场改做其他行业更为有利，那么，他就会出面劝使养牛人停止经营，并偿付养牛人停止经营的损失。

但不管对养牛人还是对农夫来说，支付的偿费若超过他们的收益，或者所剩余的收益还不如改做其他行业更赚钱，他们中的一方就会放弃经营。而不论哪种情况，对社会来讲，产值都是最大的。因为，养牛人和农夫对自己行为的调整，都是使得自己占有的资源得到了最为有利的使用。

还有一个例子。用煤炭和木材做动力的火车散发出的火星，不时会引起沿路农场发生火灾，给农场主造成损失。怎么办呢？当事人都可以采取预防措施减少火灾造成的损失。农场主可以不在铁路沿线附近种植和放置农作物，铁路公司也可以安装火星消除装置或减少火车运行次数。如果法律规定农场主有权禁止火车运行，如果有利可图，农场主可以出售这项权利。对于铁路公司来说，如果认为合算，它就会支付一大笔钱给农场主，以换取有法律约束力的不禁止火车运行的承诺。相反，如果铁路公司有权不受罚地排放火星，它也可以出卖这项权利；尤其是，如果农场主认为合算，他们可以支付大笔钱给铁路公司，以换取有法律约束力的减少散发火星的承诺。就是说，尽管法律对生产经营者的权力责任做出了规定，规定了权力的最初配置，但归根到底是由市场决定权力配置。不论权力的最初配置状况如何，只要存在潜在交换利益，农场主和铁路公司都有交换法律权力的动机。

这两个例子都说明，法律最初如何规定权力和责任，对资源配置来说其实并没有什么实际的意义。无论权力或责任如何规定，只要这种规定是明确的，并且竞争是自由的，当事人都会从各自的利益出发，依法制定契约和交换权力，调整自己的行为，使自己占有的资源得到最有效的利用。如第一个例子，不管是牧牛人赔偿庄稼的损失，还是农场主自己负责，与产值最大化都没有关系，总收入都是减去损失后的余额。这就是科斯对解决外部性问题的看法，这个理论通常被称为科斯定理。

科斯定理的意义，就在于他为市场机制的有效性提供了新的依据。按照科斯定理，不管法律如何规定权力和责任，只要交换是完全自由的，且产权界定得明确，资源就会趋于最优配置。换句话说，社会资源能否得到最大利用，产值能否最大，不在于法律等外在因素，而在于市场制度本身。这实际上是对那种试图通过政府干预来解决市场经济问题的否定。所以，科斯不赞成庇古所主张的："那些造成有害影响的人有责任去补偿那些受害者。"因为这意味着国家通过额外增加的课税来对经济进行干预，这对自由竞争经济来说则是不公平的。

17 如何分面条——制度的重要性

中国人有句古老的谚语：没有规矩不成方圆。意思是说，规则在社会生活中起着非常重要的作用，而规则就是经济学通常所说的制度。如果没有制度、没有规则，那么不仅集体活动无法正常进行，而且个人权利也得不到保障，最终将导致社会秩序大乱。更进一步来看，仅仅有制度还不够，制度也有好的与不好的之分，好的制度能够保证一个社会的公平和正义，能够提高人们从事社会经济活动的效率，而不好的制度则适得其反。

分面条的故事

分面条的故事说的就是有关制度效率的问题，这个故事在经济学界流传很广，故事的社会背景大概是20世纪80年代初。那时候，由于长期实行高度集权的计划经济体制，整个社会的物质产品十分缺乏，人们普遍过着贫穷的生活，要吃饱肚子也不是一件很容易的事情。在这种社会背景下，学校食堂里的饭菜不仅品种少，而且质量差、油水不够，难以满足需求。尤其是男同学，下了晚自习常常感觉饥肠辘辘，有着加餐的共同愿望。于是经过协商，同一宿舍的八个同学决定每天晚上合伙煮面条充饥。

宿舍里的八个人因为读书而聚在一起，没有暗藏祸害他人之心。但是，作为平凡、平等且相互独立的普通人，每个人都免不了或多或少有点自私自利，也就是说，他们是经济学中所说的“经济人”。作为“经济人”，在资源极其有限的情况下，室友们都倾向于为自己多谋取一些利益。为了解决每个人都必须面对的饥饿问题，大家按照成本均摊的原则，分头买面条、买菜、买油，每天晚自习归来后煮面条充饥。在采购与烹调的过程中，大家都相安无事，但由于每个人分得的面条无法用量具准确度量，产生了八个人有可能分食不均的情况。为了避免这种情况，在很长时间内，大家经过多次尝试才最终形成了一种简洁、高效的分配方法。

方法一：

在刚开始合作的时候，大家共同煮面条，煮好后随便指定一个人分面条。相对于大家的需求来说，由于面条总量并不充足，大家渐渐发现这个被指定来分面条的人总是给自己分的多一些，给其他人分的少一些。没办法，只好换人。但换一个人呢，情况也是如此。

方法二：

为了追求公平，大家倾向于指定宿舍里比较忠厚老实的同学主持分面条。刚开始，此人还能比较公平地在自己和别人之间分面条。但天长日久，人们发现他开始为自己和其他溜须拍马的人多分面条。这说明，在只有道德、良心等软约束的条件下，即使对于一个老实忠厚的人来说，要长期保持清正廉明也是非常困难的事情。

方法三：

在前两种方面都不理想的情况下，有人建议由大家推选两个机构来解决面条分配不公的问题，一个是面条分配“执行委员会”，由两人组成，另一个是面条分配“监督委员会”，也由两个人组成，这两个机构形成分权和制衡。宿舍定期举行全体室友大会，以解决“执行委员会”和“监督委员会”提出的种种问题。采用这种方法，基本能够做到公平。但是，由于这两个机构的成员之间意见不一致，经常为一些具体问题发生争执。为了解决争执，不得不花费时间进行讨论和协调，结果浪费了室友们大量的精力。同时，在吵吵嚷嚷中，面条常常变糊了，使得大家越来越不满。

显然，同学们都是“经济人”，而“经济人”的最大特征，是试图以最小的付出获得最大的个人收益，包括在条件允许的情况下做出一些损人利己的事情。在认识到宿舍中八个“经济人”本质的基础上，他们重新探索了面条分配方式。

方法四：

由室友八人轮流主持分面条，每人一顿，这样，等于承认每个人可以为自己多分的权利，同时公平地给予了每个人替自己多分面条的机会。公平是公平了，但随后发现在每一轮的循环中，每个人只有在自己分面条时，才能吃得饱，而且有剩余，而在其他七顿中，总是填不饱肚子。显而易见，这造成了资源浪费。因此，这种方法没实行几轮，就废止了。

方法五：

仍是由大家轮流分面条，主持分面条的人将面条分成八份，由其余的人先领，而将最后一份留给分面条的人。令人吃惊的是，在这种制度下，每次八份面条几乎都一样多，因为每个主持分面条的人都认识到，只要八份面条稍有差异，那么毫无疑问，他将享用那最少的一份。

以上就是著名的分面条的故事。这个故事说明，在现实社会中，人人都是“经济人”，或多或少都有损人利己的功利主义动机。一个好的制度（即规则）能够有效地制约人们的损人利己动机，从而保证社会生活的公平和公正，并提高社会经济活动的效率。一个不好的制度则无法保证公平和公正，并有损于经济效益，甚至会对良好的社会秩序构成威胁。正是由于制度在经济发展中具有如此重要的作用，因此，在市场经济中要非常重视法制建设，要通过制订和实施合理的法律法规，为市场经济的高效运行创造良好的制度环境。

18 出游的喜悦与烦恼——经济全球化的利弊

人们生活越来越富裕，现在每年有数以万计的人出国旅游，这些人在世界各地享受美景佳肴之余，总不忘在回国之前采购一些小礼品带回国内赠送给自己的亲朋好友，一来把旅游的快乐心境传达给别人，二来作为一种普遍的交往方式加深彼此之间的感情。小王就是一名幸运的旅游者，由于工作的原因，经常有出国的机会，每出一次差，他就可以饱览一个地方的风土人情。然而，他也有他的烦恼。因为他发现买礼物这件事慢慢地变得不那么容易了。

在以前，只要是在国外买的礼品，不一定要多值钱，或许一个打火机，或许一件衣服，又或许一瓶香水，无论是什么跟国内的产品都有很大差别，送给国内的亲朋好友纪念意义都非同一般。然而现在情况变了，在美国，小王发现超市里卖的小物件、商场里卖的衣服鞋帽生活用品，越来越多地都注明了“Made in China”的字样。曾经又一次，小王在澳大利亚出差时买过一些有趣的袋鼠图案的钥匙链，本以为既有代表性，又有实用性，纪念意义非比寻常，作为礼物再适合不过，然而表弟一句诧异的惊叹“咦？怎么是中国造的？”却让他颇为尴尬。搞了半天，这件小小的钥匙链居然绕了地球一大圈，又回到了祖国；而小王精挑细选了半天，居然选了件国货。那次以后，每次出国回来前选礼物，小王必须擦亮眼睛，费尽心思选择真正的“洋货”。

小王的经历其实并不罕见，很多人都遇到过类似的事情，但是作为中国人，烦恼归烦恼，可能很多人心里还是高兴和自豪的。同学们，你们知道经济学家又是怎么看待这件事的吗？

经济学家们会欣慰地感叹：这部分资源总算得到了有效率的配置。这句话听起来是不是有些熟悉，因为我们在前些章有意无意地都提到了资源配置这回事，其实这也是最基本的经济思想之一。那么下面让我们对这句话做些更详尽的解释吧。

什么是资源配置？

我们要配置一些东西，就是要分配、配给这些东西，比如我们仅有一天的时间要读完三本书，这个时候我们就需要决定每本书各用多少时间；再比如工厂做生产计划，准备生产 A、B 两种产品，相应的生产每种产品各需要多少材料、工人、机器设备；还比如人们外出就餐，口袋里有100元钱，他们会考虑点水煮鱼还是辣子鸡，或者是其他更符合胃口和需要的菜肴……在以上例子里，时间、材料、人工、机器设备、钱，这些都是各种各样的具体形式的资源，它们有一个共同的特点——稀缺，于是我们为了不同的目的需要决定如何才能合理分配这些资源，比如是平均分配一天的时间来读三本书；还是按书的厚薄来分配时间；或者按照书的有用性来分配时间，最有用的书花最多的时间读。配置时间的方式不同，导致的结果也不一样，因为用于读这本书的时间多了，留给其他书的时间就少了。资源配置就是通过一定的方式把有限的资源合理分配到社会的各个领域中去，以实现资源的最佳利用为目的，用最少的资源耗费生产最适用的商品和劳务，获得最佳的效益。简而言之就是将有限的资源用在最有价值的地方。

作为微观主体，无论是个人还是企业，资源配置是每时每刻都需要考虑的，站在国家的角度，同样的问题也无时无刻不在发生。对我们个人或者一个企业来说，将自己的资源合理配置也许并不是件太难的事，可这对一个国家来说就很难，因为涉及的资源太多，可行的分配方式也太多，如果我们可以预先知道每一种方式的结果，那么我们就可以轻易选择最好的方式，但是经济生活不可复制，这就需要政府在万千方式中决策出一种最好的模式，因此才有那么多的经济学家致力于研究这个问题。

资源配置的方式

通常认为，可以将资源配置的方式大体分为两种，计划配置方式和市场配置方式。计划配置方式就是一国的政府通过中央计划来决定生产什么、如何生产、为谁生产，资源的优化配置和充分利用依靠计划来实现。市场配置方式就是完全依靠市场自发的调节来配置资源，也就是通过市场上价格的调节来决定生产什么、如何生产、为谁生产，资源的优化配置和充分利用依靠价格的调节与刺激来实现。大部分的经济学家认为市场配置这种方式比计划配置方式效率高。

什么是经济全球化？

在经济全球化这一历史时期到来以前，每个国家、每个地区分别在自己的地域范围内进行尽可能有效率的资源配置活动，经济全球化开始后，一个国家可以选择在超出国家的更大范围内选择合理的资源配置方式，这无疑在配置方式上有了更大的选择可能，当然这也增加了复杂性以及由此而来的犯错误的概率。经济全球化是市场经济规律在全球范围内发生作用，生产要素等经济技术资源在全球范围内自由流动和优化配置。

在经济全球化的新历史时期，对一个国家来说，资源可能会超出自己本身固有的水平。小王在澳大利亚买的袋鼠钥匙链由中国生产，意味着中国工人生产的产品供应了澳大利亚人民的需要。对澳大利亚来说，生产钥匙链不再需要本国的工人来生产，只要通过进口就可以达到原先的效果，而原本国内生产钥匙链的那部分工人可以转而生产其他产品。可能你们会问，那中国不是亏了吗？因为中国自己的工人都去为别人生产了，中国自己的劳动力资源变成了澳大利亚的。不要忘了，还有羊毛呢，中国可以进口羊毛啊，这样一来，中国不需要生产羊毛一样可以纺织羊毛，供给中国人民暖和的羊毛衫。

现在你或许又会疑惑，既然结果一样，还有什么必要非这样做不可呢？问题的关键在于中国更擅长生产钥匙链，而澳大利亚更擅长生产羊毛。如果中国将生产钥匙链的工人赶去生产羊毛，而将澳大利亚生产羊毛的工人赶去生产钥匙链，那么无论是羊毛还是钥匙链产量都会下降，因为效率都会有损失。而现在，工人还是那么多，生产的产品却增加了，所以你们看，经济全球化的好处是不是显而易见？

以上我们谈的是经济全球化重要途径之一——贸易。当然，经济全球化是多方面、多角度的合作，贸易只是其一，但确实是最重要、最古老的方式。两千多年前张骞出使西域，造就了丝绸之路的繁荣，几百年前，郑和下西洋，与亚非 30 多个国家和地区直接贸易，这些历史都记载着贸易的发展足迹。当然那个时候远没有经济全球化一说，人们也远没有认识到这种新的分工方式带给全世界的将会是如此翻天覆地的变化。如今，商品贸易如火如荼地发展，其他新颖的贸易形式，如技术贸易、服务贸易等也正加速壮大甚至有赶超传统商品贸易模式的可能。在经历过贸易自由化——贸易保护——贸易自由化的起伏变迁之后的今天，经济全球化与国际贸易更为紧密地联系在一起。

当然，经济全球化包含的内容显然不仅仅是贸易，全球范围内，金融、投资等方面的联系也日渐紧密。小王还有一件每次旅行必须准备的事，那就是他需要把人民币兑换为美元、英镑、日元、欧元等外币以支付住宿费、观光费、购买纪念品等的费用。虽然每个国家的货币都不一样，但是通过汇率以及外汇市场，全世界的金融体系有机地联合在一起。我国以前外汇管理严格，不允许私人交易买卖外汇，而如今炒外汇的人越来越多，外汇交易买卖越来越宽松，2006 年 12 月，根据 WTO 协议，我国全面开放金融市场，允许外资银行在国内开展业务。小王出国兑换外币的程序和手续越来越方便快捷。这既是经济全球化的重要途径，也是经济全球化的必然结果。

还有像一个国家的企业到其他国家进行海外投资，或者成立多区域的跨国集团等也都囊括在经济全球化的进程中，占据重要的位置，成为经济全球化的推进器。

牵一发而动全身

经济全球化的加深在促进世界范围内资源的有效配置之余也可能带来一些损害，广泛的合作使得许多国家的经济、市场、产业不同程度地受到彼此的影响。可谓牵一发而动全身。经济危机的蔓延就是一个典型的例子。1929 年那次的经济危机在欧美肆虐，造成了大部分发达国家的经济衰退；1998 年金融风暴席卷亚洲，东南亚一些国家受到的波及最大，比如泰国，资产泡沫过后，大量外资撤离，国民经济几近瘫痪。2008 年美国次贷危机爆发，迅速蔓延到全球范围，波及了更多国家，成为全球性经济危机，造成的影响持续到现在（2009 底）还不见好转。

不过像小王这样的旅行者表面上看还是得到了好处的，他去银行换外币时可以换到更多的美元，因为美国经济衰退，美元走弱，人民币相对更值钱了。然而经济学家并不为此感到庆幸，因为美国房地产市场一蹶不振，金融产业坏账严重，多家银行倒闭，大量员工失业，人们忧心忡忡，不敢再大手大脚地消费，其他各产业的产品慢慢开始滞销，无论是美国本土的产品还是进口产品的销售都出现问题，美国的贸易伙伴国，特别是向美国出口的国家明显感受到这种变化，原先准备出口美国的产品卖不出去，成为库存积压，随着这些出口行业市场的迅速萎缩，企业产品没有出路，只能减产或停产熬日子等待经济复苏，实力不济一些的企业可能就走到了尽头。如果小王不幸成为这些企业的一员，有可能落入失业大军，到时候就不仅仅是能否旅游的事，连生活都会成为问题。

经济全球化的利弊

我们之前已经比较感性地认识了经济全球化的某些好处和坏处，经济全球化使得世界各地的国家、产业、个人紧密地联系在一起，一荣俱荣，一损俱损。其实它的好处和弊端不仅仅表现在金融领域、贸易领域，或者经济领域，而是涵盖了更广阔的内容：

经济全球化的好处：

（1）经济全球化有利于在世界范围内进行资源优化配置。

经济全球化在有效促进国际合作的同时，也加剧了各国间的竞争。竞争的原因，在经济上是由于世界资源的有限性和资本的扩张性；在政治上则是由于国家的存在，各国都试图通过增强自身的实力来实现别国对自己的依赖，从而较多地获取收益，较少地付出成本。经济全球化加速了生产要素在全球范围内的自由流动，形成了统一的全球市场，从而推动跨国公司的全球化经营和全球产业结构的调整，并最大限度地实现资源的优化配置。从一国的角度看，本国企业将突破本国资源和本国市场的限制，在全球范围内寻求资源的最优配置与有效利用。发达国家可发挥其资金和技术优势，通过资本和技术的输出和转移，不断向发展中国家开拓市场，并利用发展中国家丰富的资源和廉价的劳动力，以获取利润。发展中国家则可通过吸收和引进发达国家的资金和技术，来发展本国和本民族的经济，以满足人民的物质利益需求，逐步缩小与发达国家的差距。这种不同国家、不同地区的经济要素的有效组合，客观上促进了全球社会生产力的发展，促进了发展中国家经济的发展，减少或避免了人类社会现有的各种资源的浪费。

（2）经济全球化为发展中国家提供了难得的发展机遇。

这是因为，经济全球化有利于发展中国家利用外资和对外投资。1996 年联合国贸易与发展会议发布的《1997 年世界投资报告》指出，发展中国家 1996 年接受了 1290 亿美元的外国直接投资，对外投资了 510 亿美元，二者都创造了历史最高纪录。它们在获得世界投资总额中的比重从 1995 年的 30% 上升到 1996 年的 37% 其中，48 个最不发达国家在 1996 年的资本流入量也增加了 56% 。

（3）经济全球化促使发展中国家的出口商品结构优化。

由于资本的流入、跨国公司的直接投资活动和本国产业结构的调整，发展中国家出口商品结构有所改善，制成品在出口中的比重从 1980 年的 56% 上升到 1990 年的 73% 和 1994 年的 77%。

（4）经济全球化迫使发达国家把发展中国家面临的问题予以考虑和解决。

发达国家日益认识到，在经济全球化的背景下，他们的经济稳定和发展有赖于发展中国家。在债务解决、地区经济一体化和联合国的改革等问题上不得不考虑发展中国家的权益。在机遇与挑战面前，由于世界各国经济和技术发展的水平不同，因而导致他们在经济全球化中所处的地位和利益不可能均等。在这种弱肉强食、优胜劣汰的激烈的市场竞争中，发展中国家在许多方面必然处于劣势。但我们相信，只要发展中国家能够抓住机遇，敢于迎接挑战，通过对国外先进技术的吸收和消化，并在此基础上进行技术创新，建立本民族的经济实体，积极参与国际竞争，生产出高质量、低价格的产品，就一定会在世界市场上占有一席之地（中国、印度、巴西、墨西哥就是最好的证明）。更何况，随着经济全球化的不断发展，世界经济一体化的各种原则、制度和秩序会逐步趋于平等，国家民族经济也会日渐成熟。

（5）经济全球化为各国人民提供了选择物美价廉的商品和服务的机会。

随着市场全球化的发展，物流将成为国际贸易的主要形式，世界各国人民可根据自己的爱好和消费需要，选择自己需要的商品，那种以各种不同的方式所设置的贸易壁垒和防线将会被逐步取消，那种国家垄断或个人垄断的局面将一去不复返，那种以低劣的质量和服务向消费者漫天要价的情形行将结束。

（6）经济全球化能够促使世界范围内的文化融合。

经济全球化不仅影响全球经济结构和秩序，而且也对不同民族的文化带来了冲击，这种文化碰撞和冲击将催生全人类都可认同的大文化。这是由于，第一，“经济文化”已有了全人类认同的标准。如市场经济的法则、商品流通的规则等，已被普遍认可和遵循。

第二，“科技文化”的普遍性更加不能否认。现在不论发达国家还是发展中国家，为了生存和发展，都在抓科学技术和教育，都已认识到科学技术是强国之本。尽管各个民族国家之间的科学技术发展水平不平衡，但科学技术的交流已成为一种不可阻挡的潮流。科学技术文化早已冲破民族国家间的界线，渗透到世界的各个角落。

第三，随着“经济文化”和“科技文化”的发展，各个民族国家之间的文学、艺术、哲学、宗教、风俗习惯的传播与交流更加容易，信息网络技术和交通运输技术已为这种交流提供了现代化的工具和手段。人们总会自觉不自觉地、程度不同地吸收这些外来文化的营养，以填补本民族、本国在某些方面的不足。这也是文化全球化的表现形式。

第四，“民主和法治”作为一种制度文化，也将成为一种不可阻挡的历史趋势。

(7) 经济全球化能够促进国家之间的政治协调。

在经济全球化浪潮中，社会结构、价值观念、生活方式等都会发生很大变化。在人们物质需求得到相对满足之后，必然较多地关注自己所处的政治环境；公民的政治意识、政治参与素质将极大提高，希望充分表达自己的政治诉求，广泛地要求参加国家和社会的管理；拥有雄厚实力的独立利益群体，在利益的驱动下，必然提出相应的政治参与要求；日益发达的信息传媒网络，从技术上支持了人的自主选择权力，宣扬了人的主体地位和价值意识，也使“愚民政策”的体制丧失了基础。所以，经济全球化发展到一定程度，必然要求各国在政治上相互协调以作为经济全球化新的推动力，这也是经济基础与上层建筑的关系所决定的。政治上协调的过程尽管漫长，但却是经济全球化进一步发展的一个决定性因素。

经济全球化的弊端：

(1) 经济全球化不利于文化的多样性。

在全球化的浪潮中，由于资本的基本要求是扩张，发达国家在对发展中国家进行商品倾销、市场拓展的同时，急需发展中国家认同发达国家的文化理念，因为只有发展中国家认同发达国家的文化、认同发达国家的价值观、消费观，才能更有利地实现发达国家在发展中国家的资本扩张。在利润的驱使下，发达国家对发展中国家进行文化渗透，由于自己的落后状态，发展中国家试图通过对文化进行修正来改变自己在世界上的地位，这样造成发展中国家不断地对自己的文化进行修正、对自己的体制进行改革，甚至对自己的传统文化进行颠覆。那些丰富的古文明以及少数民族的特色文化，由于经济发展的需要渐渐被发展中国家自己抛弃，这将使得各个民族的文化特质消长不等、凸显不一。这种现象，不利于文化的发展，更不符合百花齐放、百家争鸣的文化演进原则。文化的形态是多种多样的，有商品文化、制度文化、价值文化、语言文化、科技文化、艺术文化等。随着经济全球化趋势的加快，妨碍资本、技术和产品跨国界流通的障碍一个接一个地被拆除，继之而来的是不同文化、不同价值观、不同生活方式、不同信念的流入。有些在相互冲突和撞击中形成了新质——世界大文化，有些则会改变本民族的生活方式、价值观念和文化特性。

（2）经济全球化加剧了世界性的政治、经济、军事冲突。

发达国家在全球化的过程中，一直伴随着意识形态的灌输、资本主义文化的渗透，全球化的资本毫无人性可言，它只是各国为了自身利益而进行的世界性的交易，交易各方的目的都只在乎自身的利益是否能得到实现，这种情况下发达国家强迫发展中国家按照他们的意愿、意识形态来进行发展中国家的全球化，这样就带来激烈的社会变迁，刺激形形色色意识形态的兴起，也必然伴随激烈的社会集团、意识形态乃至民族国家之间的冲突。以往的全球化带来了繁荣和进步，也带来了大革命，带来了国内战争，带来了世界性的不稳定。此外，任何国家内部的市场化都是随着法治环境的逐渐成熟而成熟的。国际的市场化却不是在法治环境下进行的，也就不可能“成熟”。只要缺少世界政府，所谓国际市场的法治化是根本不可能的。当立法、司法和执法都归于一家，只有理想主义者才去奢望公平，也只有那些最有能力从不公平中获利的国家才去奢谈国际秩序有多公平。如果没有全球的法治政府，世界各国之间的冲突在所难免。

(3) 在经济全球化过程中，发展中国家处于相对不利的地位。

经济全球化的发展，客观上需要用规则去加以规范、约束参与者的行为，而规则的制定是以实力为基础的。所谓规则，其实就是对利益冲突的一种界定。在经济全球化进程中，由于国际经济组织是由欧美等发达国家操纵，因此经济全球化的游戏规则主要由发达国家来制定。现存的国际经济规则中虽然有些规则考虑到发展中国家的利益，如世界贸易组织的规则，但大部分规则却是由发达国家主导制定的，有些规则还是在发展中国家缺席的情况下制定的。某些产业发展规则是在发展中国家还没有发展该产业的时候制定的，如信息技术产业协议以及劳工标准等。发展中国家一旦发展这些产业就必须遵守他们并未参与制定的规则，并为此而付出代价。此外，尽管发达国家极力倡导经济全球化和贸易自由化，但是各国政府为维护本国利益，仍然实施各种贸易壁垒措施。尤其是非关税壁垒措施，如绿色壁垒、技术壁垒等，这些由发达国家有意制定的贸易标准往往都是发展中国家难以达到的。这些措施客观上阻碍着生产要素在各国间的自由流动，从而使市场导向机制受到很大程度的限制，发展中国家所应得到的机会与利益无从保障。因此，目前经济全球化给世界经济所带来的利益是建立在发展中国家经济利益及政治利益遭受损失的基础之上的。

（4）经济全球化使世界经济更加不稳定。

经济全球化使各国经济同世界经济的联系更为密切，各国国内经济的稳定将不仅取决于本国国内因素，更大程度上要受到国际因素的巨大影响。随着国际贸易和服务贸易的不断扩大，其他国家尤其是主要贸易伙伴的经济状况如通货膨胀、金融危机等将通过国际经济的传递机制影响到本国。如果本国的经济结构存在某些类似隐患，这些经济波动就不可避免地会在国内出现。即使本国经济不存在问题，也会因为心理因素的作用而使经济发生一定程度的波动。特别是对于发展中国家而言更是如此。因为经济全球化就是金融、贸易与投资的全球化，然而由于发展中国家市场发育不够充分，经济结构比较脆弱，更容易受到外部不利因素的冲击；而且由于发展中国家立法不全，便于投机；再加上有些发展中国家执法不严，有法不依，从而给“国际游资”留下可乘之机。于是，西方国家的大量游资不时冲击发展中国家的金融市场，甚至引发金融危机，造成如同战争般的破坏。经济全球化使发达国家的经济周期、汇率、利率的变动传导给发展中国家，使发展中国家的经济经常出现不利波动，发生在1994年底的墨西哥金融危机和1997年的东南亚金融危机已充分说明这一点。

经济全球化中的中国

改革开放30年来，我国经济总量跃居世界第三；我国的文化也走出国门，世界各国纷纷设立孔子学院；综合实力进一步加强，在解决国际问题时扮演着重要的角色。各方面的发展都与世界全球化的趋势密不可分。全球化给我国的发展带来许多难得的机会，使我国的优势得以充分发挥，为我国的发展提供了不可或缺的发展机遇，但是2008年以来美国金融危机对世界各国经济的冲击，不得不让我们重新对全球化进行审视。经济全球化是现代经济发展的必然趋势。从人类发展的历史来看，随着社会交往的扩大，社会生产单靠一个民族、一个国家已经不行了，必须依靠世界的力量，建立机器化生产和世界市场形成基础上的世界经济全球化，保持与世界历史进程的一致。今天，任何一个国家或民族的经济都面临着世界经济全球化的严峻挑战。面对经济全球化的大潮，中国已经逐步在以下几方面调整自己，当然还有一定的提高空间。

（1）积极参与经济全球化。经济全球化是生产力发展的客观必然，它不是某个国家的政策选择，而是跨世纪国际经济关系变化的总体趋势。如果我们否认乃至拒绝它，既非历史唯物主义观点，也会给我们经济发展带来极大的危害。闭门自守必然导致落后，我国在这方面有过惨痛的历史教训。因此，我们应解放思想，更新观念，顺应历史潮流，积极主动参与经济全球化。目前，我国已是一个举足轻重的贸易大国，但是对外投资和跨国经营发展却比较缓慢，对外投资量尚不到世界对外投资的1%，这既与我国经济的总体发展和引进外资的规模不相称，也表明我国在国际分工中处于不利地位。因此，我们一方面要发挥现有技术优势，扩大对有关国家的直接投资；另一方面，对发展成熟的劳动密集型产业，可以考虑转移到其他发展中国家去生产。我们参与经济全球化，应对它的风险保持清醒的认识，要有步骤、有计划地推进。

（2）注重科技发展和人才培养。科学技术在全球的高速发展和加速传递，为发展中国家经济体制和经济增长方式的转变提供了机会。发展中国家可以从发达国家那里吸取技术发展的宝贵经验和教训，可以根据客观需要和现实可能，直接从比较高的起点开始，在技术水平、生产组织形式等方面利用和借鉴一些现代化国家已有的较为成熟的文明成果，这就是发展中国家在全球化中的后发优势。利用好这个后发优势就能获得更多的机遇。此外制定合理、优惠的人才政策，充分地吸收流动性人才，稳定原有人才，这样才能在未来的世界竞争中占据有利的地位。

（3）注重国际合作。在《拉封丹寓言诗全集》中，有一则狐狸与仙鹤的故事。狐狸请仙鹤吃饭时，狐狸把汤盛在碟子里，于是仙鹤饿着肚子回家了。第二天仙鹤请狐狸吃饭，它把汤盛在长颈瓶里，于是狐狸也没在仙鹤那吃到东西。而国家与国家之间的关系不应该是狐狸和仙鹤的关系。世界贸易并不是建立在一方获利一方利益受损的基础上的，而是可以实现双赢的博弈。因此在全球化的浪潮中应该加紧同其他国家合作的步伐，充分利用外资、引进先进技术，借鉴他国的经验，缩小科技转化为生产力的周期。

参考文献

［1］［美］斯蒂格利茨、沃尔什．经济学（第三版，上册）．中国人民大学出版社，2005 年 6 月．

［2］梁小民．微观经济学纵横谈．生活·读书·新知三联书店，2000 年 8 月．

［3］曼昆．经济学原理．机械工业出版社，2003 年 8 月．

［4］［美］罗伯特·弗兰克．牛奶可乐经济学．中国人民大学出版社，2008．

［5］梁小民．寓言中的经济学．北京大学出版社，2005 年 1 月．

［3］王东京、张宝江、杨明宜．与官员谈西方经济学．广西人民出版社，1998 年 5 月．

［4］王东京、赵建军．与官员谈经济学名著．中国青年出版社，2002 年 1 月．

［5］李义平．经济学百年——从社会主义市场经济出发的选择和评介．天津人民出版社，2002 年 1 月．

[6] 何正斌. 经济学三百年（下册）. 湖南科学技术出版社，2000 年 9 月.

[7] 金汶. 变革与发展：通货膨胀和紧缩的困扰. 当代中国出版社，1993 年 10 月.

[8] 罗振宇. 通货紧缩论. 经济科学出版社，1999 年 12 月.

[9] 王耀庭. 通货膨胀论. 东北财经大学出版社，1993 年 12 月.

[10] 林继肯. 稳定通货论. 中国金融出版社，1997 年 2 月.

[11] 程恩富. 现代政治经济学案例. 上海财经大学出版社，2003 年 6 月.

[12] 薛誉华. 区域化全球化的阻力. 世界经济，2003 年第 2 期.

[13] 刘苏津. 解读“经济全球化”. 北京成人教育，2001 年第 9 期.

[14] 史玉杰. 经济全球化对我国的挑战与对策. 中共青岛市委党校青岛行政学院学报，2005 年第 1 期.

[15] 张宏、霍瑞珍. CPI 指数体系的局限性与调整修正. 廊坊师范学院学报（自然科学版），第 8 卷第 5 期.

[16] 董湲、余雷. 我国 CPI 指数持续上涨的原因及对策. 广西财经学院学报，第 21 卷第 5 期.

[17] 既找“市场”也找“市长”. 哈尔滨日报，2009 年 6 月 1 日.

[18] 有计划是社会主义市场经济的强板. 浙江日报，2009 年 4 月 27 日.

[19] 新医改方案权威解读. 攀枝花日报，2009 年 4 月 8 日.

[20] 用制度加速医药行业整合. 赤峰日报，2009 年 4 月 10 日.

[21] 中国银行分支机构被审计署查出违规. 证券日报，2009 年 5 月 27 日.

[22] 打好节能降耗漂亮仗. 嘉兴日报, 2009 年 6 月 14 日.

[23] 企业重组兼并五大经典案例评析. 市场报, 2004 年 02 月 03 日.

[24] 互动百科网: http: //www. hudong. com/wiki/

[25] 中学思想政治教学网: http: //www. zz6789. com

[26] Bk 会计百科: http: //edu. news. tom. com/viewarticle. php? id = 20104#